부모은중경
우란분경
목련경
관음경

불교경전 ⑪

부모은중경
우란분경
목련경
관음경

효도와 믿음의 경전 ● 一指 譯

민족사

일러두기

1. 본서는 우리나라 불교 신자들에게 친근한 신앙과 효도의 경전인 부모은중경, 우란분경, 목련경, 관음경의 현대어 역을 한 권으로 묶은 대중 경전이다. 본서는 평이한 문체의 한글을 전용하였으나 꼭 필요한 한자(漢字)는 괄호 안에 표기하였다. 단 게송이나 경구(經句) 등 부득이한 원문은 그대로 노출한 경우도 있다.

2. 본서에 수록된 경전은 내용과 구성에 따라서 단락을 나누고 필요한 소제목을 배열하였으며 상세한 역주와 해제를 수록하여 독자의 편의를 기했다.

3. 일반적으로 잘 알려져 있는 불, 보살의 명호와 인도의 절 이름, 지명은 본서에 수록된 경전의 번역에 사용된 저본이 한역불전(漢譯佛典)이므로 한자음을 따랐다. 또한 한자음이 변하여 한글음으로 통용되고 있는 관용음은 그대로 적었다.

4. 본서에 수록된 경전의 번역에 사용된 저본은 다음과 같다.

   ① 부모은중경 : 1796년(正祖 20년) 京畿道 道花山 龍珠寺 開刊, 純諺解本. 본 문헌에 실려 있는 檀園 金弘道의 판화도 함께 수록하였다.

② 우란분경 : 西晉 竺法護 譯《佛說盂蘭盆經》(大正藏 16)

③ 목련경 : 宋 法天 譯《佛說目連所問經》(大正藏 24)

④ 관음경 : 鳩摩羅什 譯《妙法蓮華經》권7,〈觀世音菩薩普
門品〉

차 례

부모은중경

차 례

우란분경

차 례

목련경

차 례

관음경

차   례

부모은중경
(父母恩重經)

부모은중경

1. 법회의 시작

나는 이와 같이 들었다.[1)]

어느 때 부처님께서는 사위국(舍衞國)[2)] 왕사성(王舍城)[3)]의 기수급고독원(祇樹給孤獨園)[4)]에서 삼만팔천인의 대비구와 여러 보살[5)] 마하살[6)]들과 함께 계셨다.

그때 부처님께서는 대중들과 함께 남쪽으로 나아가시다가 마른 뼈 한 무더기를 보시자 오체를 땅에 기울여 마른 뼈에 예배하셨다. 이에 아난[7)]과 대중들이 여쭈었다.

2. 마른 뼈에 절하신 까닭

"세존이시여, 여래께서는 삼계(三界)[8)]의 거룩한 스승이시며 사생(四生)⁹⁾의 자비하신 어버이십니다. 많은 사람들이 부처님께 귀의하고 공경하옵거늘 어찌하여 이 마른 뼈에 예배하시옵니까?"

부처님께서 아난에게 말씀하셨다.

"그대가 비록 나의 훌륭한 제자이며 출가하여 오래 수행하였건만 그 앎은 넓지 못하구나. 여기 이 마른 뼈 한 무더기는 어쩌면 내 전생의 조상이거나 여러 생을 거치는 동안의 어버이일 것이므로 내 이제 예배하는 것이다."

부처님께서 아난에게 다시 말씀하셨다.

"그대가 이 한 무더기 마른 뼈를 둘로 나누어 보아라. 만일 남자의 뼈라면 희고 무거울 것이며 여자의 뼈라면 검고 가벼울 것이다."

아난이 부처님께 말씀드렸다.

"세존이시여, 남자는 세상에 있을 때 큰 옷을 입고 띠를 매고 신을 신고 모자를 쓰기 때문에 남자인 줄 알며, 여인은 붉은 주사와 연지를 곱게 바르고 향수로 치장하기 때문에 여인이라는 것을 알 수가 있습니다. 그러나 죽은 후의 백골은 남녀가 마찬가지이거늘 제가 어떻게 그것을 알아볼 수 있겠습니까?"

부처님께서 아난에게 말씀하셨다.

"만약 남자라면 세상에 있을 때 가람(伽藍, 절)¹⁰⁾에 나가 법문도 듣고 경전을 독송하며 삼보(三寶)¹¹⁾께 예배도 하며 부처님의 명호도 염송하였을 것이다. 그러므로 그 사람의 뼈는 희고 무거우니라.

그러나 여인은 감정을 함부로 나타내고 정욕에만 뜻을 두며, 아들을 낳고 딸을 기르되 한 번 아이를 낳을 때마다 엉긴 피를 서 말 서 되나 흘리며 아기에게 여덟 섬 너 말이나 되는 흰 젖을 먹여야 한다. 그러므로 여인의 뼈는 검고 가벼우니라."

아난이 부처님의 말씀을 듣고 가슴이 도려내는 듯하여 슬프게 울면서 부처님께 말씀드렸다.

"세존이시여, 어머니의 은덕을 어떻게 보답할 수 있겠습니까?"

3. 아기를 낳으실 때까지의 고생

부처님께서 아난에게 말씀하셨다.

"그대는 지금부터 자세히 듣고 잘 생각하여라. 내가 그대를 위해 분별하여 해설하리라.

어머니가 아기를 잉태하면 열 달 동안 큰 고통을 받느니라. 어머니가 아기를 잉태한 첫달에는 그 기운이 마치 풀잎 위의 이슬 같아서 아침에 잠시 보존하지만 저녁에는 보존할 수 없으니 이른 새벽에는 피가 모였다가 오후가 되면 흩어져 가느니라.

어머니가 아기를 잉태한 지 두 달이 되면 마치 우유를 끓였을 때 엉긴 모양과 같느니라.

어머니가 아기를 잉태한 지 석 달이 되면 그 기운이 마치 엉긴 피와 같느니라.

어머니가 아기를 잉태한 지 넉 달이 되면 점차 사람의 모양을 이루고, 다섯 달이 되면 아기는 다섯 부분의 모양을 갖추게 되나니 무엇을 다섯 부분의 모양이라고 하는가?

머리가 한 부분이며, 두 팔꿈치까지 합해 세 부분이며 두 무릎을 합해서 다섯 부분이라고 하느니라.

어머니가 아기를 잉태한 지 여섯 달이 되면 어머니 뱃 속에서 아기의 여섯 가지 정기(精氣)가 열리나니 여섯 가지 정기란 눈이 첫째 정기요, 귀가 둘째 정기이며 코가 셋째 정기요, 입이 넷째 정기이며, 혀가 다섯째 정기이며, 뜻이 여섯째 정기이니라.

어머니가 아기를 잉태한 지 일곱 달이 지나면 아기는 어머니 뱃 속에서 삼백육십 뼈마디와 팔만사천 모공을 이루게 되느니라.

어머니가 아기를 잉태한 지 여덟 달이 되면 아기의 뜻과 꾀가 생기고 그 아홉 가지 기관이 크게 자라게 되느니라.

어머니가 아기를 잉태한 지 아홉 달이 되면 아기는 어머니 뱃 속에서 무엇인가를 먹게 되나니 이때 어머니는 복숭아와 배, 마늘은 먹지 말고 오곡만을 먹어야 하느니라.

어머니의 생장(生藏)[12]은 아래로 향하고 숙장(熟藏)[13]은 위로 향하여 있는데 그 사이에 산이 하나 있으되 세 가지 이름이 있다. 첫째 이름은 수미산이요, 둘째 이름은 업산(業山)이요, 셋째 이름은 혈산(血山)이다. 이 산이 한 번 무너져서 변하면 한 줄기 엉긴 피가 되어서 아기의 입 속으로 흘러들어 가느니라.

어머니가 아기를 잉태한 지 열 달이 되면 바야흐로 아기가 태어나게 되나니 만약 효순한 아들이라면 주먹을 쥐어 합장하고 나와서 어머니의 몸을 상하지 않게 한다.

만약 오역죄(五逆罪)[14]를 범할 아들이라면 어머니의 포태(胞胎)를 제치고 손으로는 어머니의 간과 염통을 움켜쥐고 다리로는 어머니의 엉덩이 뼈를 밟아서 어머니는 마치 일천 개의 칼로 배를 저미고 일만 개의 칼날로 염통을 쑤시는 듯한 고통을 느끼게 된다.

4. 부모님의 열 가지 크신 은혜

이와 같이 어머니를 고통스럽게 하고 이 몸이 태어났음에도 불구하고 그 위에 또 열 가지 은혜가 있다.

① 잉태하여 수호해 주신 은혜

첫째는 아기를 잉태하여 수호해 주신 은혜이니 게송으로
일러 말한다.

여러겁을 지나오며 인연이 지중하여
금생에는 어머니의 모태에 의탁했네
날이가고 달이가서 오장이 생겨나고
일곱달에 이르러서 육정이 열렸어라

어머니몸 무겁기는 산악과 다름없고
가나오나 서고앉고 풍재가 두려우며
아름다운 비단옷도 도무지 입지않고
단장하던 거울에는 먼지만 쌓였도다

懷躭守護恩

부모은중경
21

② 낳으실 때 고통 받으신 은혜

둘째는 아기를 낳을 때 고통 받으신 은혜이다. 게송으로
일러 말한다.

아기를 잉태한지 열달이 다되어서
어려운 해산날이 빨리도 다가오니
날마다 오는아침 중병든 몸과같고
나날이 정신조차 희미해 지는구나

두렵고 떨려오는 마음을 어찌하나
근심은 눈물되어 가슴에 가득하네
슬픈빛 가이없어 친척에 말하기를
마침내 죽지않나 두렵기만 합니다

臨産受苦恩

부모은중경

23

③ 아기를 낳고서 근심을 잊으신 은혜

셋째는 아기를 낳고서 근심을 잊으신 은혜이다. 게송으로
일러 말한다.

자비하신 어머니 그대를 낳으신날
오장육부 모두를 쪼개고 해치는듯
육신이나 마음이 모두다 기절하고
짐승잡은 자리인듯 피를 흘렸어도

낳은아기 씩씩하고 어여쁘다 말들으면
기쁘고도 기쁜마음 무엇으로 비유할까
기쁜마음 정해지면 또다시 슬픈마음
괴롭고도 아픈것이 온몸에 사무치네

生子忘憂恩

부모은중경

④ 쓴 것은 삼키고 단 것은 먹이신 은혜

넷째는 입에 쓴 것은 삼키고 단 것이면 뱉어서 먹이시던 은혜이다. 게송으로 일러 말한다.

무겁고도 깊은것이 부모님의 크신은혜
사랑하고 보살피심 한결같아 끊임없네
단음식은 다뱉으니 드실음식 무엇이며
쓴음식만 드시면서 기쁜얼굴 잃지않네

사랑하심 중하시어 깊은정은 다함없네
지중하신 은혜처럼 슬픔또한 더하시어
다만어린 아기에게 잘먹일것 생각하니
자비하신 어머니는 굶주려도 기쁜마음

咽苦吐甘恩

⑤ 마른 자리에 뉘이신 은혜

다섯째는 마른 자리는 아기에게 돌리시고 스스로 젖은 자리로 나아가신 은혜이다. 게송으로 일러 말한다.

어머니 당신몸은 젖은자리 누우시고
아기는 받들어서 마른자리 눕히시네
가슴의 두젖으로 목마름을 채워주고
고우신 소매로는 찬바람을 가려주네

아기를 돌보시어 잠들때가 없으셔도
아기의 재롱으로 큰기쁨을 삼으시네
오로지 어린아기 편안할것 생각하고
어머니 자비하심 편안함도 잊으셨네

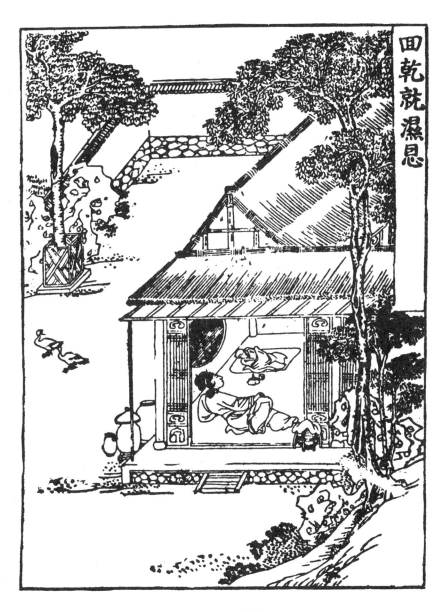

回乾就濕恩

⑥ 젖을 먹여 기르신 은혜

여섯째는 젖을 먹여 기르시는 은혜이다. 게송으로 일러
말한다.

어머니의 중한은혜 땅에다 비유하랴
아버님의 높은은덕 하늘에 비유하랴
하늘은혜 땅의은혜 아무리 크다해도
아버지와 어머니의 큰은혜 그를넘네

아기비록 눈없어도 미워함 없으시고
손과발이 불구라도 싫어함 없으시네
배가르고 피를나눠 친히낳은 자식이라
종일토록 아끼시고 사랑하심 한량없네

乳哺養育恩

부모은중경
31

⑦ 더러움을 씻어주신 은혜

일곱째는 더러움을 깨끗이 씻어주신 은혜이다. 게송으로
일러 말한다.

　　　생각컨대 그옛날의 아름답던 그얼굴과
　　　아리따운 그몸매는 곱기만 하셨었네
　　　두눈썹은 푸른버들 가른듯 하셨었고
　　　두뺨의 붉은빛은 연꽃을 닮으신듯

　　　은혜가 깊을수록 그모습 사라지고
　　　더러운것 씻느라고 맑은얼굴 상하셨네
　　　한결같이 아들딸만 사랑하고 거두시다
　　　자비하신 어머니의 얼굴마저 시드셨네

洗濯不淨恩

⑧ 먼 길 떠난 자식 염려하신 은혜

여덟째는 먼 길 떠난 자식 염려하고 생각하시는 은혜이
다. 게송으로 일러 말한다.

죽어서 헤어짐도 슬프고 괴롭지만
살아서 헤어짐은 더욱더 서러워라
자식이 집을나가 먼길을 떠나가니
어머니 모든생각 타향에 나가있네

주야로 그마음은 아들을 따라가고
흐르는 눈물줄기 천줄기 만줄기네
원숭이 달을보고 새끼생각 울부짖듯
간장은 염려하는 생각으로 다끊기네

遠行憶念恩

⑨ 자식 위해 나쁜 일 하신 은혜

아홉째는 자식 위해 나쁜 짓도 감히 하시는 은혜이다. 게송으로 일러 말한다.

부모님의 크신은혜 강산같이 중하여서
깊고깊은 그은덕은 실로갚기 어려워라
자식들의 괴로움은 대신받기 원하시고
자식들이 고생하면 부모마음 편치않네

자식들이 머나먼길 떠나가서 있으면
잘있는가 춥잖은가 밤낮으로 근심하고
자식들이 잠시라도 괴로운일 당할때면
어머니의 그마음은 오랫동안 아프시네

⑩ 끝없이 사랑하시는 은혜

열째는 끝없이 자식을 사랑하시는 은혜이다. 게송으로 일러 말한다.

부모님의 크신은혜 깊고도 지중하네
크신사랑 잠시라도 그칠새 없으시니
일어서고 앉더라도 그마음 따라가고
멀더라도 가까워도 크신뜻 함께있네

어머니의 나이높아 일백살 되었어도
여든살된 그아들을 언제나 걱정하네
이와같이 크신사랑 어느때 끊이실까
목숨이나 다하시면 그때나 쉬게될까

究竟憐愍恩

부모은중경

5. 갖가지 불효

부처님께서 아난에게 말씀하셨다.

"내가 중생들을 보건대 모양은 비록 사람이지만 마음과 행실이 어리석고 어두워서 부모님의 크신 은혜를 생각하지 아니하고 부모님을 공경하는 마음을 내지 않으며 은혜를 저버리고 덕을 배반하며 자비한 마음이 없어서 효도하지 아니하며 의리를 저버리는 중생들이 많으니라.

어머니가 아기를 잉태한 열 달 동안은 일어서고 앉는 것이 편하지 않아서 마치 무거운 짐을 진 사람과 같고 음식을 잘 내리지 못하여 큰 병에 걸린 것과 같나니라.

달이 차서 아기를 낳을 때는 한없는 고통을 받으며, 잠깐 잘못으로 죽게 되며 돼지나 양을 잡은 것처럼 피가 흘러 자리를 적시느니라.

이와같은 고통을 겪고 자식을 낳은 후에는 쓴 것은 삼키고 단 것은 뱉어서 아기에게 먹이며 품안에 안아서 기르느니라.

더러운 것은 깨끗이 씻어내고 아무리 힘들고 괴로워도 싫어하지 않으며, 더운 것도 참고 추운 것도 참아내며 고생되는 일을 사양하지 않아서 마른 자리에는 아기를 눕히고, 젖은 자리에는 어머니가 눕느니라.

아기는 삼 년 동안 어머니의 흰 피를 먹고 자라나서 동자가 되고 점점 나이가 들면 예절과 도의를 가르치며 장가를 들이고 시집을 보내며 벼슬도 시키고 직업을 갖게 하느니라.

또 수고하여 가르치고 정성을 다하여 기르는 일이 끝나더라도 부모의 은혜로운 정은 끊임이 없어서 자식들이 병이 나면 부모도 함께 병이 나고 자식의 병이 나으면 비로소 부모의 병도 낫느니라.

이와 같이 양육하여 어서 어른이 되기를 바라지만 자식은 장성한 뒤에는 오히려 부모님께 효도하지 않느니라. 존친들과 이야기할 때 그 대함이 불경스럽고 심지어 눈을 흘기거나 눈알을 부라리며 부모와 형제도 속이고 업신여기느니라.

형제간에 때리고 욕하며 친척들을 헐뜯고 예절과 의리를 저버리며 스스로의 가르침도 따르지 아니하고 부모의 분부를 따르지 않느니라.

형제간의 약속도 짐짓 지키지 않고 출입왕래도 어른께 아뢰지 않으며 말과 행실이 어긋나서 스스로 교만하고 함부로 일을 처리하느니라.

부모들은 이를 훈계하고 책망하여 가르쳐야 하고 백부나 숙부들도 그 잘못을 타일러야 하건만은, 어려서부터 어여쁘게만 생각하여 어른들이 덮어 주기만 하니, 자식은 점점 장성하면서 더욱 거칠어지고 잘못되느니라. 잘못한 일을 고치려 하지 않고 잘못을 타이르면 오히려 화를 내고 원망하며 착한 벗을 버리고 악한 사람을 가까이 하게 되느니라.

이러한 습관이 계속되어 성격을 이루게 되니 드디어 나쁜 계교를 꾸미고 남의 꾀임에 빠져 타향으로 도망하기도 하느니라.

이와 같이 부모를 등지고 혹은 장삿길로 나가기도 하고 전쟁에 나가기도 하여 이럭저럭 지내다가 장가를 들게 되면 이것이 장애가 되어 오랫동안 집에 돌아오지 않느니라.

혹은 타향에서 사는 동안 조심하지 않다가, 나쁜 이의 꾀임에 빠져 횡액을 만나 잡힌 몸이 되어 이리저리 끌려다니기도 하고, 억울하게 형벌을 받아 감옥에 갇혀서 목에 칼을 쓰고 발목에 쇠사슬을 차기도 하며, 혹은 병을 얻어 고난을 당하거나 모진 액난을 만나서 고통스럽고 굶주려도, 아무도 돌봐주는 사람이 없게 되느니라.

또한 남의 미움과 천대를 받아 길거리에 헤매다가 마침내 죽게 되어도 아무도 그를 보살펴주는 사람이 없고 이윽고 죽게 되어 시체가 썩고 볕에 쪼이고 바람에 흩어져서 백골이 타향땅에 굴러 다니게 되어 친척들과 영원히 만날 수 없게 되고 마느니라.

이때 부모의 마음은 자식을 위해 오랫동안 근심하고 걱정하다가 혹은 피눈물로 울다가, 눈이 어두워져서 마침내 눈이 멀기도 하며 혹은 너무 슬퍼하다가 기운이 다하여 병들기도 하느니라.

자식 생각에 몸이 쇠약해져서 마침내 죽으면 외로운 혼이 되어서도 끝내 자식 생각을 잃어 버리지 못하느니라.

또한 다시 듣건대 자식이 효도와 의리를 따르지 않고, 나쁜 무리들을 따라다니고 어울려서 거칠은 건달패가 되어, 무익한 일들을 즐겨 배우고 남을 때리고 싸우며 도둑질을 하고, 마을의 풍속을 어기며 술 마시고 노름하면서 여러 가지 악업을 짓느니라.

이로 인해서 형제들에게도 누를 끼치고 부모님에게 큰 걱정을 주느니라. 새벽에 나가고 밤늦게 돌아와서 부모가 항상 근심하게 하느니라.

또한 부모가 어떻게 살고 계시는지, 춥고 더운 것도 모르는 체하고 초하루와 보름에도 문안드리지 아니하며 부모를 길이 편안히 모실 것을 생각하지 아니하고 부모가 나이가 많아 몸이 쇠약하고 모양이 파리하면 남이 볼까 부끄럽다고 구박하고 모욕하느니라.

혹은 아버지가 홀로 되거나 어머니가 홀로 되어 혼자서 빈 방을 지키게 되면, 마치 손님이 남의 집에 붙어 있는 것처럼 여겨서, 평상이나 자리에 흙먼지가 쌓여도 한 번도 닦아내지 않으며, 부모가 있는 방에 들어가 문안하거나 보살피는 일이 없느니라. 방이 춥거나 덥거나 부모가 목이 마르거나 굶주려도 아는 체를 하지 않느니라.

자식의 행실이 이러하니 부모는 밤낮으로 탄식하고 슬퍼하게 되느니라.

혹 맛있는 음식이 있으면 마땅히 부모님께 올려서 봉양해야 하거늘 매양 거짓으로 없는 체 하고, 또 다른 사람들의 비웃음을 받으면서도 제 아내나 자식만 생각하니 이것이 못난 일임에도 불구하고 부끄러움을 모른다.

또한 아내와 첩과의 약속은 무슨 일이나 지키면서 어른의 말씀과 꾸지람은 조금도 어렵거나 두렵게 생각하지 않느니라.

혹은 딸자식으로서 시집가기 전에는 효순했으나 시집 간 이후에는 불효를 저지르기도 하느니라.

부모가 조금만 꾸짖어도 화를 내고 원망하면서 제 남편이 꾸짖고 때리면 참고 받으며 달게 여기느니라. 성이 다른 남편쪽의 친척에게는 정이 깊고 사랑이 두터우면서 자기의 친정은 오히려 멀리 하느니라.

혹 남편을 따라서 멀리 타향으로 옮겨가게 되면 부모와 이별하고서도 도무지 사모하는 생각이 없으며 소식을 끊고 편지도 내지 않아서 부모로 하여금 창자가 끊어지고 거꾸로 매달리는 고통을 받게 하며, 항상 딸의 얼굴을 보고 싶어 하기를 마치 목마를 때 물을 생각하듯이 잠시도 끝날 날이 없게 하느니라.

부모의 은혜는 이와 같이 한량없고 끝이 없건만 이 은혜를 배반하고 가지가지로 불효하는 죄업은 다 말하기 어려우니라."

6. 다 갚지 못할 부모님의 은혜

이때 여러 대중들은 부처님께서 부모의 은혜를 말씀하심을 듣고 몸을 일으켜 스스로 땅에 부딪쳐 피를 흘리면서 슬퍼하다가 한참만에 깨어나서 큰 소리로 부르짖으며 말했다.

"아아, 슬프고 슬프도다. 우리들은 이제야 큰 죄인임을 알았습니다. 지금까지 깨닫지 못하고 캄캄한 어둠 속에서 헤매는 것 같더니 이제 잘못됨을 깨닫고 보니 가슴 속이 부서지는 것 같습니다. 바라옵나니 세존이시여, 저희들을 불쌍히 여기시어 구원하여 주옵소서. 어떻게 하면 부모의 깊은 은혜를 갚을 수 있겠습니까?"

그때 여래께서는 곧 여덟 가지 깊고 장중한 범음(梵音)[15]으로 여러 대중들에게 설법하셨다.

"그대들은 분명히 알지어다. 내 이제 그대들을 위하여 분별, 해설하리라.

가령 어떤 사람이 있어서 오른쪽 어깨에 어머니를 업고서 수미산을 백천 번 돌아 피부가 닳고 골수가 드러나더라도 부모의 깊은 은혜는 마침내 다 갚을 수 없느니라.

또한 어떤 사람이 흉년을 만나 자기의 살을 도려 내어 티끌 같이 잘게 잘리는 고통을 받으며 공양하기를 백천 겁(劫)[16] 동안 계속 하더라도 부모님의 깊은 은혜는 오히려 다 갚지 못하느니라.

또한 어떤 사람이 부모를 위해서 날카로운 칼로 자기의 소중한 눈동자를 도려내어 부처님께 바치기를 백천 겁 동안 계속 하더라도 부모님의 깊은 은혜는 오히려 다 갚지 못하느니라.

또한 어떤 사람이 부모를 위해서 자신의 심장과 간을 날카로운 칼로 찔러 흐른 피가 땅을 덮어도, 아프고 괴로움을 사양하지 않기를 백천 겁 동안 계속 하여도 부모님의 깊은 은혜는 오히려 다 갚지 못하느니라.

또한 가령 어떤 사람이 부모를 위하여 백천 자루의 칼로 자기의 몸을 찔러 칼날이 좌우로 드나들기를 백천 겁 동안 계속 한다고 하더라도, 부모님의 깊은 은혜는 오히려 다 갚지 못하느니라.

또한 어떤 사람이 부모를 위하여 자기의 몸에 불을 붙여 등을 만들어 부처님께 백천 겁 동안 공양한다고 하더라도 부모님의 깊은 은혜는 오히려 다 갚지 못하느니라.

또한 어떤 사람이 부모를 위하여 뼈를 부숴 골수를 드러내며 백천 개의 칼과 창으로 일시에 자기의 몸을 쑤시기를 백천 겁 동안 계속 한다고 하더라도 부모님의 깊은 은혜는 다 갚지 못하느니라.

또한 어떤 사람이 부모를 위하여 뜨거운 무쇠 덩어리를 삼켜 백천 겁이 지나도록 온 몸이 데어 부풀어 오를지라도 부모님의 깊은 은혜는 다 갚지 못하느니라."

7. 부모님의 은혜에 보답하는 길

이때 여러 대중들은 부처님께서 부모의 깊은 은혜를 설하심을 듣고 슬피 울면서 다시 부처님께 말씀드렸다.

"세존이시여, 저희들은 진실로 큰 죄인임을 알았습니다. 어떻게 하면 부모의 깊은 은혜를 다 갚을 수 있겠습니까?"

부처님께서 제자들에게 말씀하셨다.

"부모의 은혜에 보답하려는 사람들은 부모를 위해서 이 경을 서사하며, 부모를 위해서 이 경을 읽고 외우며 부모를 위해서 죄업과 허물을 참회하며, 부모를 위하여 불법승 삼보전에 공양하며, 부모를 위하여 재계(齊戒)[17]를 받아 지키며 부모를 위하여 보시(布施)[18]하고 공덕을 지어야 한다.

자식이 밖에서 햇과일을 얻거든 집으로 가지고 와서 부모에게 올려야 하나니, 부모가 이것을 얻어 기뻐하며 혼자만 먹을 수 없어서 먼저 삼보께 올려 공양하면 곧 보리심(菩提心)[19]을 일으키게 되느니라.

부모가 병이 나면 곁을 떠나지 말고 직접 간호할지어다. 주야로 삼보께 귀의하고 부모의 병이 낫기를 축원하고 잠시라도 은혜를 잊어서는 안 되느니라.

부모가 완고하여 삼보를 받들지 않으며, 어질지 못하여서 남의 재물을 상하게 하고, 의롭지 못하여 남의 재물을 훔치고, 예의가 없어서 몸가짐을 단정히 하지 못하며, 신의가 없어서 남을 속이며, 지혜가 없어서 술을 즐겨 마시면 자식은 그 잘못을 말하여 부모님을 깨우치게 하여야 하느니라. 그래도 깨우침이 없으면 눈물로써 호소하고 스스로 식음을 전폐해야 할 것이다.

부모가 비록 완고하다고 할지라도 자식이 죽는 것은 두려워하므로 은애(恩愛)의 정에 못이겨 바른 길로 나아가게 되느니라.

부모가 마침내 오계(五戒)[20]를 받들어 자비를 깨우쳐 살아있는 생명을 죽이지 않으며, 바름을 알아 남의 재물을 훔치지 않으며, 예절을 알아 방탕하지 않으며, 믿음을 알아 속이지 않으며, 지혜를 알아 술에 취하지 않으면, 이승에서는 편안한 삶을 누리고 저승에서는 천상[21]에 나게 되어, 부처님을 뵈옵고 법문을 들어 지옥[22]의 괴로움에서 영원히 벗어나게 될 것이다.

만약 능히 이렇게 실천하면 효순된 자손이라 할 것이요, 이렇게 실천하지 않으면 지옥에 떨어질 중생이라 할 것이다.

8. 불효의 과보

부처님께서 아난에게 다시 말씀하셨다.

"불효를 저지른 자식은 몸이 허물어져서 죽게 되면 무간지옥(無間地獄)[23]에 떨어지느니라. 무간지옥은 길이와 넓이가 팔만 유순(由旬)[24]이며 사면에 무쇠로 된 성이 둘러 싸여져 있다.

그 성의 하늘에는 쇠그물로 덮혀 있으며 땅 위에는 붉은 쇠가 깔려 있어서 뜨거운 불길이 활활 타오르고 맹렬한 불꽃이 우뢰같이 타오르고 번개처럼 반짝이느니라.

이 지옥에서는 끓는 구리와 무쇠물을 죄인의 입에 부어 넣으며 무쇠로 된 뱀과 구리로 된 개가 항상 연기와 불꽃을 토하면서 죄인을 물어 뜯고 지지고 구워서 죄인의 살은 불에 타고 기름에 끓어 참으로 견딜 수 없는 고통을 받게 되느니라. 또 그 위에 쇠채찍과 쇠망치, 칼과 칼날이 돌개바람처럼 몰아치고 비나 구름처럼 쏟아져 내려와서 찌르고 베이느니라.

이와같은 고통은 겁이 지나도록 그치지 아니하느니라. 또 다시 이 죄인들은 다른 지옥으로 들어가서 머리에 불화로를 이고 쇠로 만든 수레로 사지를 찢어서 창자와 뼈, 살이 불타고 사방으로 찢기어 하루 동안에 천 번 살아나고 만 번 죽게 되느니라.

이와같은 고통을 겪게 되는 것은 모두 전생에 범한 오역죄(五逆罪)와 불효의 업보 때문이니라.

9. 지옥의 고통에서 벗어나는 길

이때 여러 대중들이 부처님께서 설하신 부모의 은혜에 관한 말씀을 듣고 눈물을 흘리고 슬피 울면서 말했다.

"저희들이 이제 어떻게 해야 부모의 깊은 은혜를 갚을 수 있겠습니까?"

부처님께서 제자들에게 말씀하셨다.

"부모의 은혜에 보답코자 할진대 부모의 은혜를 위하여 경전을 거듭 널리 펴라. 이것이 참으로 부모의 은혜를 갚는 것이니라.

경전 한 권을 세상에 펴면 한 부처님을 뵈올 수 있으며 열 권을 펴면 열 부처님을 뵈올 수 있다. 또한 능히 백 권을 펴면 백 부처님을 뵈올 수 있으며 천 권을 세상에 전하면 천 부처님을 뵈올 수 있고 만 권을 펴면 만 부처님을 뵈올 수 있느니라.

이 사람들은 경전을 세상에 펴는 공덕으로 여러 부처님들이 항상 오셔서 옹호하시나니 그 사람의 부모는 천상에 태어나게 되어 여러 가지 즐거움을 받으며 지옥의 고통에서 영원히 벗어나게 되느니라.

그때 여러 대중들과 함께 있던 아수라(阿修羅)[25], 가루라(迦樓羅)[26], 마후라가(摩睺羅迦)[27], 인비인(人非人)[28] 등과 천(天)[29], 용(龍)[30], 야차(夜叉)[31], 건달바(乾闥婆)[32]와 또한 여러

작은 나라의 왕들과 전륜성왕(轉輪聖王)[33] 등의 여러 대중들은 부처님의 말씀을 듣고 모두 서원을 발하여 말했다.

"저희들은 오는 세상이 다할 때까지, 이 몸을 부수어 먼지를 만들어 백천 겁이 지날지라도 부처님의 거룩하신 가르침을 어기지 않겠습니다.

또 차라리 백천 겁 동안 혀를 백 유순의 길이로 베어내고 이것을 쇠보습으로 갈아서 피가 시냇물처럼 흘러 내리더라도 부처님의 거룩하신 가르침을 어기지 않겠습니다.

또 차라리 백천 자루의 칼로써 이 몸을 좌우에서 찌르더라도 부처님의 거룩하신 가르침을 어기지 않겠습니다.

또 차라리 쇠그물로 이 몸을 얽어서 백천 겁을 지나더라도 부처님의 거룩하신 가르침을 어기지 않겠습니다.

또 차라리 작두와 방아로 이 몸을 찧고 부수어 백천만 조각이 나고 가죽과 살, 힘줄과 뼈가 모두 가루가 되어 떨어져 나가기를 백천 겁이 지나더라도 마침내 부처님의 가르침을 어기지 않겠습니다."

10. 경전의 명칭

이때 아난이 부처님께 말씀드렸다.
"세존이시여, 이 경의 이름은 무엇이며 저희들은 어떻게 받아지녀야 하겠습니까?"

부처님께서 아난에게 말씀하셨다.

"이 경의 이름은 대보부모은중경(大報父母恩重經)이라 할 것이니 그대들은 이 이름으로 항상 받들어 지닐지니라."

그때 천신과 사람과 아수라 등 여러 대중들이 부처님의 말씀을 듣고 모두 크게 기뻐하면서 믿고 받들어 지니며 행하면서 예배하고 물러갔다.

우란분경
(盂蘭盆經)

우란분경

제 1 장 목련의 슬픔

이와 같이 나는 들었다. 어느 때 부처님께서는 사위국(舍衛國) 기수급고독원(祇樹給孤獨園)에 계셨다.

그때 대목건련(大目犍連)[1]은 처음 육신통(六神通)[2]을 얻고 나서 부모를 제도하여 낳아 키워주신 은혜에 보답하고자 깨달은 눈(道眼)으로 세간을 살펴보았다.

그의 어머니는 죽어서 아귀(餓鬼)[3]로 태어났고 음식을 먹지 못하고 피골이 상접하여 차마 볼 수 없게 되어 있었다. 목련은 슬픔을 가다듬고 발우에 밥을 가득 담아 아귀가 된 그의 어머니에게 잡수시게 하였다.

그의 어머니는 발우의 밥을 받아들고서 왼손으로는 다른 아귀들을 쫓고 있었으며 오른손으로는 밥을 움켜 먹고 있었다.

그러나 밥이 입으로 들어가기도 전에 밥은 이미 불덩어리가 되니 그의 어머니는 끝내 음식을 먹을 수 없었다.

목련은 이를 보고 슬피 울다가 급히 돌아와 부처님께 여쭈었다.

부처님께서 목련에게 말씀하셨다.

"그대의 어머니는 악업의 뿌리에 깊게 얽혔으니 그대 한 사람의 힘으로는 어찌할 수 없느니라.

그대가 비록 부모에 대한 효도하기로서는 천하에 이름을 떨치고 있으나 그대의 힘만이 아니라 천신(天神)이나 지신(地神), 사마외도(邪魔外道)의 도사나 사천왕신(四天王神)⁴⁾의 힘으로 어찌할 수 없고 오직 시방의 대중스님들의 위신력이라야 비로소 구할 수 있으리라.

내 이제 마땅히 그대를 위하여 어머니를 구제하는 법을 설하여 온갖 고난에서 벗어나고 모든 업장을 소멸하게 하리라."

제 2 장 아귀를 구하는 방법

시방의 대중스님들이 자자(自恣)⁵⁾하는 칠월 십오일에 마땅히 칠세(七世)⁶⁾의 부모와 현재의 부모, 그리고 모든 액난을 겪고 있는 중생을 위하여 온갖 음식과 과실을 갖추어 큰 그릇에 담고 향유로 불을 밝히고 자리를 와구(臥具)로 깔지니라.

그리고 세간의 훌륭한 공양구(供養具)를 모두 갖추어 그 릇에 담고 시방의 모든 대덕스님과 여러 스님들을 공양하여 라.

이날은 산 속에서 선정(禪定)에 들었거나 혹은 사도과(四道果)[7]를 얻었거나 혹은 나무 밑에서 경행(經行)[8]하거나 혹은 여섯 가지 신통이 자재하여 성문(聲聞)[9]이나 연각(緣覺)[10]을 교화하거나, 혹은 십지(十地)[11]에 이른 대보살이 방편으로 비구의 몸을 나타내어, 그 모든 거룩한 대중들과 함께 있어서 한마음으로 발우에 담은 공양을 받게 되느니라.

청정한 계행을 갖춘 스님들의 도는 그 덕이 바다와 같이 넓고 깊으니라.

이날 자자(自恣)를 하신 스님들께 공양하는 중생은 칠세의 부모와 육종친속(六種親屬)[12]들이 모두 삼도(三途)[13]의 고통스러운 길에서 벗어나고 해탈을 얻으며 의식(衣食)이 저절로 갖추어지게 될 것이니라.

만약 현재의 부모가 살아 있다면 부모의 복락이 백 년에 이를 것이며 이미 죽었다면 칠세의 부모까지 천상에 나고 자재하게 태어나 장엄한 하늘의 광명 속에 들게 되어 한량 없는 기쁨을 누리게 되느니라."

부처님께서 다시 시방의 여러 대중에게 말씀하셨다.

"대중들이 우란분의 공양을 받을 때에는 반드시 공양을 올린 사람과 그 가정, 그의 과거 칠세 부모를 위하여 축원을 해야 하느니라.

그리고 선정에 든 후에 공양을 받을지니라. 처음 공양을 받을 때는 먼저 부처님 앞에 올려놓고 대중과 함께 축원을 한 다음 공양을 받을지니라."

이때 목련비구와 법회에 모인 대보살들이 모두 크게 기뻐하였으며 목련비구의 슬픔은 사라졌다.

이때 목련비구의 어머니는 일 겁 동안 받을 아귀의 고통에서 해탈하였다.

제 3 장 현재의 부모와 칠생의 부모를 위한 공양법

이때 목련이 부처님께 말씀드렸다.

"세존이시여, 제자를 낳은 부모는 이제 삼보의 공덕과 대중스님들의 위신력을 입었습니다. 만일 다가오는 세상에 모든 부처님의 제자가 부모에게 효도하는 도를 행할 때, 이 우란분재의 법을 마땅히 행하여, 현재의 부모와 과거 칠세의 선망부모를 구하여 제도하여야 옳지 않겠습니까?"

부처님께서 말씀하셨다.

"참으로 옳은 물음이로다. 내가 말하려는 바를 그대가 묻는구나.

선남자여, 만일 비구, 비구니, 국왕, 태자, 왕자, 대신, 재상, 백관이나 모든 백성들이 효순의 도를 행하고자 할진대,

마땅히 현세에 낳아준 부모와 과거 칠세의 부모를 위하여 스님들이 자자(自恣)하는 칠월 십오일에 온갖 음식과 공양구를 그릇에 담고 자자(自恣)에 참석하신 스님들께 공양하고 축원을 해야 하느니라.

그러면 문득 현재 부모의 수명은 백 년에 이르고 병이 없을 것이며 모든 고통과 근심이 없어질 것이니라.

또한 과거 칠세의 부모가 아귀의 고통에서 벗어나고 천상이나 인간으로 태어나서 끝없는 복락을 누리리라."

부처님께서 다시 말씀하셨다.

"여러 선남자 선여인들이여, 그대들이 부처의 제자로서 효순의 도를 닦는 자라면 마땅히 생각생각마다 항상 부모의 은혜를 생각하여라. 현생의 부모와 과거 칠세의 부모를 위하여 해마다 칠월 십오일에는 우란분재를 행하여라.

항상 효순하는 마음으로 자기를 낳아 기른 부모와 과거 칠세의 부모를 생각하고 공양구를 지어서 부처님과 스님들께 올리도록 하여라.

그리하여 낳고 기르신 부모님의 은혜에 보답토록 하여라. 모든 불자라면 마땅히 이 법을 받들어 행하여야 하느니라."

이때 목련비구와 사부대중[14]들은 부처님의 말씀을 듣고 기뻐하며 받들어 행하였다.

목련경
(目連經)

제 1 장 청제부인의 악행

옛날 왕사성에 한 장자(長者)[1]가 있었으니 그의 이름은 부상(傅相)이라 했다.

그는 큰 부자여서 낙타, 코끼리, 말이 산과 들을 덮을 만큼 많았으며 창고에는 비단과 진주가 가득하였을 뿐만 아니라 여러 사람들에게 빌려준 것도 헤아릴 수 없이 많았다.

그는 언제나 웃음을 머금고 말했으며 인정을 거슬림이 없어서 항상 육바라밀(六波羅蜜)[2]를 닦았다.

어느 날 그는 갑자기 병이 들어 죽고 말았다.

그들 부부에게는 아들이 하나 있었는데 그 이름은 나복(羅卜)이었다. 나복은 아버지의 장례를 치르고 삼 년 동안의 복(服)[3]을 벗고 나서 어머니께 여쭈었다.

"아버님이 계실 때에는 돈과 재물이 한없이 많았습니다만 지금은 창고가 비게 되었습니다. 저는 바라건대 돈을 가지고 외국에 가서 장사를 하고자 합니다."

그리하여 하인 익리(益利)에게 창고의 돈을 가져오게 하여 계산해보니 삼천 관의 돈이 남아 있었다.

이를 셋으로 나누어 천 관은 어머님께 드려 집안일을 보전케 하고 또 천 관도 어머님께 드려 삼보(三寶)[4]를 공양하며 매일 백 명의 스님께 공양을 올리도록 하였다. 나머지 천 관은 자신이 가지고 금지국(金地國)에 가서 여러 가지 장사를 했다.

어머니는 아들이 떠난 후 모든 하인들을 불러놓고 말했다.

"너희들은 모두 잘 들어라. 우리집은 큰 부자이다. 만약 스님들이 우리집에 와서 교화를 펴려고 하면 몽둥이로 쳐서 목숨이 남아 있지 않도록 하여라."

그리고 그 어머니는 아들이 삼보를 공양하라고 준 돈으로 돼지, 양, 거위, 오리, 닭, 개를 널리 사들여서 배불리 먹여 살찌운 후, 양은 기둥에 매어 피를 받고, 돼지는 묶어 놓고 몽둥이로 때리니 슬픈 울음소리가 그치지 않았다.

부인은 여러 짐승들의 배를 갈라 간을 꺼내 귀신에게 제사 지내는 것을 즐거움으로 누리고 있었다.

아들 나복은 일천 관을 가지고 외국에 간지 삼 년 만에 본국으로 돌아왔다. 집에서 사십 리 떨어진 곳에 도착하여 성 서쪽의 버드나무 밑에서 잠시 쉬면서, 하인 익리에게 집으로 먼저 돌아가 어머니께 말씀드리도록 했다.

"만일 착한 인연을 지으셨다면 내가 이 돈을 가지고 집으로 돌아가 어머니께 공양을 드리겠고 또 만일 악업을 지으셨다면 나는 이 돈으로 어머니를 위해서 널리 보시하는데 쓰겠습니다."

익리가 집으로 오는 것을 보자 하인 금지(金支)가 멀리서 보고 청제부인에게 달려가서 말했다.

"지금 서방님께서 돌아오시고 계십니다."

청제부인이 물었다.

"네가 어떻게 내 아들이 돌아오는 것을 아느냐?"

"익리가 돌아오는 있는 것을 보고 서방님께서 돌아오신다는 것을 알았습니다."

부인이 금지에게 말했다.

"너는 즉시 나가서 문을 걸어닫고 익리가 들어오지 못하게 하라. 내가 곧 창고에 들어가 당번(幢幡)⁵⁾을 꺼내어 후원에 늘어 놓고 삼보께 공양 올린 모양을 꾸며놓거든 그때를 기다려 문을 열고 익리가 들어오도록 하여라."

이윽고 익리가 집에 들어오자 부인은 말했다.

"나는 너와 내 아들이 함께 떠난 이후 집에서 날마다 오백승재(五百僧齊)⁶⁾를 지냈다. 만약 믿을 수 없거든 후원 불당(佛堂)으로 가서 내가 재를 올린 것을 보아라."

익리가 후원 불당에 가 보니 수저는 이리저리 흩어져 있고 향불의 연기는 아직도 타오르고 있었으며 사발과 대접들은 아직도 설거지가 안 된 채로 쌓여 있었다. 익리는 급히 나복에게 달려가 말했다.

"마님께서는 참으로 훌륭하십니다. 마님께서는 날마다 오백승재를 올리고 계셨습니다."

나복이 익리에게 물었다.

"그대가 그것을 어찌 아는가?"

"제가 집에 돌아가 보니 수저가 이리저리 흩어져 있고 향을 사른 연기는 아직도 자욱하고 스님들도 방금 떠나신 듯 그릇들의 설거지도 아직 끝나지 않고 있었습니다."

나복은 이 말을 듣고 부끄러운 생각이 들었다.

"나는 여기서 멀리 어머니를 향해 일천 배의 절을 하리라."

나복은 집을 향해 일천 배의 절을 하고 있었다.

이때 동, 서 마을의 이웃과 친척들이 나복이 돌아왔다는 소식을 듣고 그를 환영하기 위해서 성문 밖까지 나왔다. 그들은 나복이 열심히 절을 하고 있는 것을 보고 물었다.

"지금 이곳에는 부처님도 안 계시고 스님도 안 보이는데 무슨 절을 그렇게 하는가?"

나복이 대답했다.

"나는 어머님께 부끄럽습니다. 어머니께서는 집에 계시면서 삼보를 공경하고 매일 오백승재를 지냈다고 합니다."

이 말을 들은 이웃 사람들이 말했다.

"그대의 어머니는 그대가 집을 떠난 후 집에 스님들이 오면 몽둥이로 때려서 쫓았다. 또 공양을 올리라는 돈으로 돼지와 양, 거위, 오리, 닭, 개를 사서 잘 먹여 살찌게 한 다음

양은 기둥에 매달아 피를 흘리게 하여 동이에 받았고, 돼지는 묶어서 때리고 끓는 물로 튀기니, 그 비명소리가 사방을 진동하였을 뿐만 아니라 짐승의 배를 갈라 간을 꺼내어 귀신에게 제사를 지내는 것으로 환락을 삼았다네."

나복은 이 말을 듣고 몸을 일으켜 땅에 부딪치니 온 몸에서 피가 흐르고 마침내 기절하여 오랫동안 깨어나지 못했다.

어머니는 아들이 왔다는 소식을 듣고 성 밖으로 그를 맞으러 왔다. 아들이 땅에 쓰러져 일어나지 못하는 것을 보고 아들의 손을 잡고 말했다.

"아들아, 내가 맹세하는 말을 들어 보아라. 강물이 저렇게 넓고 커도 그 위에 출렁이는 파도가 있는 것처럼, 사람을 성공케 하는 사람은 적고 실패하게 만드는 사람은 많다. 만약 네가 집을 떠난 뒤로 너를 위하여 삼보께 오백승재를 지내지 않았다면 지금 내가 집으로 돌아가는 즉시 중병을 얻어 칠 일을 넘기지 못하고 죽어서 아비대지옥(阿鼻大地獄)[7]에 떨어질 것이다.

나복은 어머니의 맹세가 너무 진실함을 믿고 일어나 집으로 돌아갔다. 어머니는 집으로 돌아오자마자 중병에 걸려 칠 일 만에 죽고 말았다.

나복은 어머니의 장례를 치른 후 산소에 초암을 짓고 삼년 동안 고행을 닦았다. 낮에는 삼태기로 흙을 담아다가 어머니의 무덤에 흙을 더하고 밤에는 대승경전을 읽으니 그

소리가 끊이지 않았다. 나복의 효성이 지극하여 아홉 가지 빛이 나는 사슴이 무덤 앞을 지나가기도 하고, 흰 학이 나타나 상서로움을 나타내며, 자오(慈烏, 까마귀)[8]는 두 눈에서 피가 흐르기도 했으며, 여러 가지 새들이 흙을 물어다가 무덤 만드는 일을 돕기도 했다.

나복은 새들이 흙을 물어 오는 것을 보고 기뻐하여 사람을 불러다가 불상을 조성하고 삼 년 동안 공양하다가 복(服)을 마치고 어머니의 무덤에 하직인사를 한 후 떠났다.

제 2 장 목련의 지옥순례

　나복은 그 길로 기사굴산(耆闍窟山)[9]으로 가 세존(世尊)[10]을 뵙고 말씀을 올렸다.

　"부처님이시여, 저는 부모가 이미 다 돌아가시고 복(服) 입기를 마쳤습니다. 이제 부처님의 가르침을 따라 출가하고자 하옵니다. 어떠한 공덕이 있어야 하겠습니까?"

　세존께서 말씀하셨다.

　"나복이여, 잘 왔도다. 만약 남염부제(南閻浮提)[11]에서 한 사람의 남자, 한 사람의 여자가 부처님의 가르침을 따라 출가하도록 인도하는 것은, 팔만사천의 부도(浮圖)[12]와 보탑을 조성하는 것보다도 훌륭하다. 이로써 이 세상에 살아있는 부모는 백 년 동안 복락을 누리며 칠대를 거슬러 올라간 조상까지도 마땅히 정토에 태어날진대 하물며 그대는 스스로 보리심을 발하였구나."

　부처님은 곧 아난에게 명하여 나복의 머리와 수염을 깎게 하고 몸소 머리를 만져 수기(受記)[13]를 하시고 이름을 고쳐 대목건련(大目犍連)[14]이라 부르시고 나의 십대제자 가운데 신통이 제일이었다고 말씀하셨다.

목련이 부처님께 여쭈었다.
"세존이시여, 보탑(寶塔)을 넓고 크게 세운다면 어떠한 공덕이 있습니까?"
부처님께서 말씀하셨다.
"목련이여, 보탑이 높고 크며 처마와 처마가 맞닿아서 범천까지 통할지라도 백 년 후에 부처님 얼굴에 비가 새게 되면 당장 죄를 얻게 되지만, 출가의 공덕은 금강(金剛)과 같이 무너지지 않는 몸을 얻게 되느니라."
목련이 다시 부처님께 여쭈었다.
"저는 지금 부처님께 하직인사를 드리고 산에 들어가서 도를 닦고자 합니다."
"목련이여, 그대가 도를 닦고자 할진대 다른 곳에 가지 말고 나를 따라 기사굴산에서 도를 닦도록 함이 어떤가?"
"부처님이시여, 산 속에 무슨 양식이 있어서 도를 배울 수 있겠습니까?"
"목련이여, 산 속에는 호랑이와 새들이 있어서 매일 향기나는 과일을 물어다 공양해 주느니라."
목련이 이 말씀을 듣고 나서 발우를 던져 공중에 솟아올라 기사굴산의 빈발라암으로 갔다.

목련은 왼쪽 다리로 오른쪽 다리를 누르고 오른쪽 다리로 왼쪽 다리를 누르며 혀를 입천장에 받치고 삼십삼천을 관하다가 그의 아버지가 화락천궁(化樂天宮)에서[15] 하늘의 복을 누리고 있음을 보았으나 어머니는 보이지 않았다.

목련은 돌아와서 부처님께 여쭈었다.

"부처님이시여, 제 어머니께서는 세상에 계실 때 저에게 말씀하시기를 날마다 오백승재를 올렸다고 하셨습니다. 그렇다면 죽어서 마땅히 화락천궁에 태어나셨을 것인대 천궁에는 어머니가 보이지 않습니다. 지금 어머니는 어디에 계시옵니까?"

부처님께서 목련에게 말씀하셨다.

"목련이여, 그대의 어머니는 세상에 있을 때 삼보를 공양하지 않고 욕심을 부렸으며 수미산만큼이나 많은 악업을 쌓았기 때문에 죽어서 지옥에 떨어졌느니라."

목련은 이 말을 듣고 땅에 몸을 던지며 슬피 울다가 일어나 여러 지옥으로 돌아다니며 어머니를 찾기 시작했다.

목련이 한 곳의 지옥을 보니 남염부제의 중생들이 큰 방아에 찧여 몸이 천 토막으로 끊겨지며 피와 가죽이 어지럽게 흩어져서 하루에 만 번 죽고 만 번 살아나곤 했다.

목련이 슬퍼하면서 옥주(獄主)에게 물었다.

"이 지옥에 있는 중생들은 전생에 무슨 죄를 지어서 이러한 괴로움을 받는가?"

옥주가 말했다.

"이들은 모두 남염부제의 사람으로서 생전에 많은 중생들을 잘라 죽이고 남녀들이 함께 모여 앉아 그 음식을 먹으면서 입으로는 그 맛이 좋다고 떠들고 즐기다가, 이제 지옥에 떨어져서 그 죄업을 달게 받고 있는 것입니다."

목련이 다시 검수지옥(劒樹地獄)[16]에 이르러 보니 남염부제의 중생들이 칼이 돋아 있는 나무 끝에 매달려 손으로 칼나무를 붙잡으니 온 몸이 모두 갈라지고 또 발로 칼날을 밟으니 사지가 모두 갈라졌다.

목련은 슬퍼하며 옥주에게 물었다.

"이 지옥에 있는 중생들은 전생에 무슨 죄업을 지었기에 이러한 괴로움을 받고 있는가?"

옥주(獄主)가 말했다.

"이곳은 남염부제의 중생들이 인과를 믿지 않고 갖가지 중생들을 꼬챙이에 꿰어 구워서 남녀가 모여 함께 앉아 먹으면서 맛있다고 소리치다가 이제 지옥의 수중에 떨어져서 그 죄업을 달게 받고 있는 것입니다."

목련이 다시 한 지옥에 이르러보니 그곳은 석합지옥(石磕地獄)[17]이었다. 두 덩어리의 큰 돌이 모든 죄인들을 갈아서 피와 살덩이가 흩어지고 있었다.

목련은 슬퍼하면서 옥주에게 물었다.

"이 지옥에 있는 중생들은 전생에 무슨 죄업을 지었기에 이러한 고통을 받고 있는가?"

옥주가 말했다.

"이곳은 개미와 벌레들을 많이 죽인 남염부제의 중생들이 지옥의 수중에 떨어져 그 죄업을 달게 받고 있는 것입니다."

목련은 다시 앞으로 나아가다가 한 무리의 아귀(餓鬼)[18]를 보았다.

그들의 머리는 태산만큼이나 크고 배는 수미산처럼 불렀다. 그러나 목구멍은 바늘구멍처럼 가늘었다.

그들이 걸을 때마다 오백 대의 수레가 구르는 것 같은 소리가 났다.

목련은 그 아귀들에게 물었다.

"그대들은 전생에 무슨 죄를 지었는가?"

아귀가 대답했다.

"저는 전생에 죽은 사람을 위해서 재를 올리는 것을 하지 못하게 하고 삼보를 공경하지 않았습니다. 그 때문에 여러 겁 동안 좁쌀조차도 못 먹고 굶주림과 목마름에 시달리고 있습니다."

목련이 다시 회하지옥(灰河地獄)[19]에 이르러서 보니 셀 수 없이 많은 남염부제의 중생들이 잿물 속에서 밀려다니고 있었는데 온 몸이 데어서 타들어가고 있었다.

그 중생들이 동쪽 문이 열린 것을 보고 동쪽 문으로 헤엄쳐 가면, 문득 동쪽 문이 닫히고 서쪽 문이 열린 것을 보고 서쪽 문으로 헤엄쳐 가면, 문득 서쪽 문이 닫혔다.

다시 남쪽 문이 열린 것을 보고 남쪽 문으로 헤엄쳐 가면 문득 남쪽 문이 닫히고, 북쪽 문이 열린 것을 보고 북쪽 문으로 헤엄쳐 가면 문득 북쪽 문이 닫혔다.

이렇게 물결을 따라 표류하면서 잠시도 쉬지 못했다.

목련이 슬퍼하면서 옥주에게 물었다.

"이 지옥의 중생들은 전생에 무슨 죄를 지었기에 이와 같은 고통을 받고 있는가?"

옥주가 대답했다.

"이 지옥의 중생들은 전생에 달걀을 많이 삶아 먹었기 때문에 그 과보로 고통을 달게 받고 있는 것입니다."

목련이 다시 한 지옥에 이르러 보니 그곳은 확탕지옥(鑊湯地獄)[20]이었다. 남염부제의 중생들이 펄펄 끓고 있는 물 속에 삶기고 있었다.

목련이 슬퍼하며 옥주에게 물었다.

"이 지옥의 중생들은 전생에 무슨 죄를 지었기에 이와 같은 고통을 받고 있는가?"

옥주가 대답했다.

"이 지옥의 중생들은 남염부제의 중생들로서 삼보를 공경하지 않았을 뿐 아니라 큰 부잣집에 태어나서 뭇 생명 있는 목숨들을 삶아 먹었기 때문에 지금 지옥의 수중에 떨어져 그 죄업의 고통을 달게 받고 있는 것입니다."

목련이 다시 한 지옥에 이르러 보니 그곳은 화분지옥(火盆地獄)[21]이었다. 이 지옥의 중생들은 머리에 불이 가득 담긴 동이를 이고 두개골의 백 마디에 불이 활활 타오르고 있었다.

목련은 슬퍼하며 옥주에게 물었다.

"이 지옥의 중생들은 전생에 무슨 죄를 지었기에 이와 같은 고통을 받고 있는가?"

옥주가 대답했다.

"이곳의 남염부제 중생들은 생전에 짐승들의 골수를 많이 먹었기 때문에 그 과보를 달게 받고 있는 것입니다."

목련은 크게 소리를 내어 어머니를 부르며 말했다.

"어머니께서 살아 계실 때 저에게 말씀하시기를, 날마다 오백승재를 열고 꽃과 음식을 정중하게 공양하지 않은 적이 없다고 하셨으니, 돌아가셔서는 마땅히 화락천궁에 태어나셔야 할 것입니다.

그러나 어찌하여 천궁에도 보이지 않고 지옥에라도 계신다면 만나야 할 텐데 지옥에도 보이지 않으십니까?"

이때 지옥 속에 있던 팔만사천 명의 우두옥졸(牛頭獄卒)[22]들이 서로 쳐다보면서 말했다.

"문 앞에 산 사람의 소리가 나는 것을 보니 이는 반드시 남염부제에서 새로 죄인들을 보내온 것이다. 내가 쇠창을 가지고 나가서 가슴을 찔러 잡아오리라."

지옥문 앞에 있던 목련은 문득 깨달음이 있어 좌선 삼매에 들어 있었다. 옥주가 몇 번이나 소리쳐서 부르자 선정으로부터 깨어났다.

"스님은 누구이기에 우리 지옥문 앞에 와 있는 것입니

까?"

목련이 대답했다.

"저에게 화내지 마시오. 제가 여기에 온 까닭은 우리 어머니를 찾기 위한 것입니다."

옥주가 다시 물었다.

"누가 그대의 어머니가 이곳에 있다고 말했습니까?"

"석가모니 부처님께서 우리 어머니가 이곳에 계신다고 하셨습니다."

"그렇다면 석가모니 부처님과 스님은 무슨 관계이십니까?"

목련이 대답했다.

"그분은 우리 스승이시며 나는 그분의 제자 대목건련입니다."

옥졸이 이 말을 듣고 철창을 내던지고 예배하면서 말했다.

"참으로 훌륭한 일입니다. 저는 오늘 석가모니 부처님의 가르침을 받는 제자의 얼굴을 보게 되었습니다. 스님의 어머니는 성이 무엇입니까? 내가 스님을 위해서 옥중에 있는 죄인들의 명부를 찾아보겠습니다."

옥졸이 들어가 명단을 살펴 보았으나 목련의 어머니 이름이 없었다.

옥졸은 다시 목련에게 말했다.

"방금 옥중에 가서 죄인들의 명단을 살펴 보았으나 그런

"스님은 이곳에 무슨 일로 오셨습니까?"

"내가 특별히 이곳에 온 이유는 우리 어머니를 찾기 위한 것입니다."

"누가 스님의 어머니가 이곳에 왔다고 했습니까?"

"석가모니 부처님께서 우리 어머니가 이곳에 계신다고 하셨습니다."

"석가모니 부처님과 스님은 무슨 관계입니까?"

"바로 나의 스승이십니다."

"스님의 어머니 이름은 어떻게 됩니까? 내가 안으로 들어가 명단을 살펴 보겠습니다."

목련이 대답했다.

"왕사성에 살던 부상장자의 부인 청제부인으로서 이름은 유제사(劉第四)입니다."

옥주는 지옥으로 들어가 큰 목소리로 외쳤다.

"왕사성에 살던 청제부인 유제사여! 문 앞에 부처님의 제자로서 법명이 대목건련이라는 아들이 와 있다. 그는 부처님의 제자로서 불가사의한 신통력이 있으니 만일 그 스님이 네 아들이라면 오래지 않아 지옥에서 벗어날 수가 있을 것이다."

제 3 장 지옥에서 어머니를 만나다

옥주가 다시 큰 소리로 외쳤다.

"왕사성에 살던 청제부인이여! 왜 대답을 하지 않는가?"

그때 비로소 죄인이 대답했다.

"옥주께서 저를 불러 다시 더 고통이 심한 곳으로 옮길 것이 두려워서 감히 대답을 하지 못했습니다. 죄인에게는 한 아들이 있었습니다만 스님이 된 적도 없고 이름도 대목건련이 아닙니다."

옥주가 다시 밖으로 나와서 목련에게 말했다.

"청제부인이라고 하는 사람은 있습니다만 아들이 스님이 된 적도 없고 이름도 대목건련이 아니라고 합니다."

목련이 말했다.

"옥주께서는 대자대비한 마음으로 제 어머니가 자식을 알아보지 못하리라는 것을 믿어 주십시오. 부모가 살아 계실 때 내 이름은 나복이었으며 부모가 돌아가신 뒤 저는 부

목련경

80

처님께 나아가 스님이 되어 불도를 깨닫고 이름을 대목건련이라고 고쳤습니다."

옥주가 다시 목련에게 물었다.

"그렇다면 오늘 어머니를 만나게 해주면 장차 무엇으로 우리의 은혜를 갚겠습니까?"

"오늘 어머니를 만나게 해주신다면 여러 보살들을 모셔다가 대승경전의 법문을 설하여 옥주의 은혜를 갚도록 하겠습니다."

옥주는 지옥으로 다시 들어가 청제부인에게 말했다.

"기뻐하라. 문 앞에 찾아 온 사람은 바로 나복이다."

청제부인이 말했다.

"나복이라면 바로 제가 이 작은 뱃 속에 품었던 자식입니다."

이때 옥주가 쇠창으로 죄인을 찔러 일으켜 세우고 못을 박아 땅에 쓰러지게 하자 온 몸의 털구멍에서 피가 흘렸다. 옥주는 다시 쇠칼을 씌우고 칼로 몸을 에워싸서 끌고 나와 아들과 서로 보게 한 후 목련에게 물었다.

"어머니를 알아 보겠습니까?"

"어머니를 알아보지 못하겠습니다."

옥주가 다시 말했다.

"바로 저 온 몸에 모진 불이 활활 타오르고 있는 것이 스님의 어머니입니다."

목련이 어머니를 알아보고 크게 부르짖었다.

"어머니! 어머니시여!

살아계실 때에는 날마다 오백승재를 올려 향화와 음식을 모두 법답게 했다고 말씀하셨으니, 돌아가셔서는 마땅히 화락천궁에 나셔야 할 것인데, 어찌하여 천궁에 계시지 않고 지옥의 고통 속에 계십니까? 소자는 날마다 맛있는 음식이 있으면 먼저 어머니께 올렸건만 어머니의 얼굴은 어찌하여 그렇게 야위셨습니까?"

어머니가 목련을 부르며 말했다.

"나의 사랑하는 아들아! 앞으로 영원히 너를 만나보지 못할 줄 알았는데 어떻게 오늘 이 지옥문 앞에서 만나게 되었구나. 이 어미는 지옥에서 벌을 받기가 몹시 괴롭단다. 배가 고프면 밥 대신 쇠구슬을 먹고 목이 마르면 물 대신 구리즙을 마시면서 지내왔단다."

말을 채 마치기도 전에 옥졸이 와서 청제부인을 붙들어 세우고 긴 부젓가락으로 몸을 찔러 온 몸이 타들어가게 했다. 이때 같은 지옥에 있는 모든 죄인들이 말했다.

"저 어미와 아들은 서로 만나보게 되었는데 우리는 어찌하여 그럴 기약이 없는가?"

옥주가 목련에게 말했다.

"더 이상 죄인과 오랫동안 이야기할 수 없습니다. 스님의 어머니는 다시 죄를 받을 시간입니다. 스님이 만일 어머니를 놓지 않으신다면 청제부인의 가슴을 철장으로 찔러 데려가도록 하겠습니다."

목련의 어머니는 옥주에게 끌려 지옥으로 들어가면서 소리쳐 말했다.

"내 아들아! 나는 지옥의 고통을 참기가 무척 괴롭다. 부디 나를 지옥에서 구해다오."

이때 목련의 왼발은 지옥 문지방 안에 두고 오른발은 밖에 둔 채 서 있다가 어머니가 괴로워 울부짖는 소리를 듣고 참을 수 없어서 머리를 기둥에 부딪치니 살과 피가 낭자했다.

목련이 옥주에게 말했다.

"차라리 내가 어머니를 대신해서 지옥의 고통을 달게 받고자 합니다."

옥주가 대답했다.

"스님의 어머니는 업력이 무거워서 비록 모자간이라고 할지라도 서로 대신할 수 없습니다. 만약 어머니를 지옥에서 구하고자 한다면 부처님께 고할 수밖에 다른 길이 없습니다."

목련은 이 말을 듣고 발우를 하늘로 던지고 높이 솟아올라 부처님 계신 곳으로 가서 문안을 올린 후 부처님께 여쭈었다.

"세존이시여, 저의 어머니가 지금 지옥에 떨어져 참지 못할 고통을 겪고 있습니다. 어떻게 하면 저의 어머니를 지옥에서 구할 수 있겠습니까?"

세존께서 말했다.

"목련이여, 내가 그대의 어머니를 구하겠노라. 내가 만일 그대의 어머니를 구하지 못한다면 내가 오랜 겁 동안 지옥에 들어가 그대의 어머니를 대신하여 고통을 받으리라."

이때 세존께서 모든 비구(比丘)[26], 비구니(比丘尼)[27], 우바새(優婆塞)[28], 우바이(優婆夷)[29] 등 무수한 억만 명에 둘러싸여 허공에 몸을 나투시니 그 높이가 일곱 다라수(多羅樹)[30]만 했다.

부처님이 미간에서 다섯 가지 색깔의 광명을 발하여 지옥의 어둠을 깨뜨리자 철상지옥(鐵床地獄)은 변해서 연화좌(蓮華座)가 되고, 검수지옥(劍樹地獄)은 변해서 백옥으로 만든 사다리가 되었으며, 확탕지옥(鑊湯地獄)은 변해서 부용지(芙蓉池)가 되었다.

제 4 장 우란분재의 구원력

그때 염라대왕(閻羅大王)³¹⁾이 찬탄하여 말했다.

"참으로 거룩하도다. 이제 내가 친히 부처님께 예배하고 향을 사를 수 있겠구나! 어찌 이 세상에 부처님이 계심을 믿지 않을 수 있겠는가?"

염라대왕은 옥졸들에게 분부하여 죄갚음을 한 죄인들을 모두 풀어주고 하늘에 나게 하였다.

목련이 부처님께 여쭈었다.

"모든 죄인들은 하늘에 태어났습니다만 저의 어머니는 어느 곳에 탁생(托生)³²⁾하셨습니까?"

부처님께서 목련에게 말했다.

"그대의 어머니는 생전의 죄업이 깊고 무거우며 업장이 아직 다하지 않았으므로 대지옥에서는 나왔으나 다시 소흑암지옥(小黑闇地獄)³³⁾에 떨어졌느니라. 여러 보살이 재를 올리고 남은 밥 한 발우를 그대에게 줄 테니 지옥으로 가서 어머니께 드리도록 하여라."

목련은 발우를 들고 지옥으로 갔다.

발우 속에 담긴 밥을 본 목련의 어머니는 탐하는 마음을 고치지 못하고 오른손으로는 사람들을 막으면서 왼손으로 밥을 움켜 먹었으나 그 밥은 변하여 모진 불덩이가 되었다.

목련이 다시 부처님께 여쭈었다.

"부처님이시여, 어떻게 하면 저의 어머니를 흑암지옥에서 구할 수 있겠습니까?"

부처님께서 말씀하셨다.

"그대의 어머니를 흑암지옥에서 벗어나게 하려면 여러 보살들을 청해다가 대승경전을 읽고 외워야만 하리라."

목련은 즉시 부처님의 가르침을 따라서 여러 보살들을 청해다가 대승경전을 외웠다. 대승경전을 외우자 목련의 어머니는 흑암지옥에서 벗어나 다시 아귀로 태어나게 되었다.

목련이 다시 부처님께 여쭈었다.

"저의 어머니는 흑암지옥을 벗어나 어느 곳에 태어났습니까?"

부처님께서 말씀하셨다.

"지옥을 벗어나 아귀로 태어났느니라."

목련이 다시 부처님께 여쭈었다.

"어머니께서 지옥에 계신 날이 오래 되었으므로 어머니를 모시고 항하수(恒河水) 가에 가서 물을 마시게 해드리고 배를 씻겨 드리고자 합니다."

부처님께서 말씀하셨다.

"모든 부처님들이 물을 마시면 그것은 마치 향기로운 젖과 같고 스님들이 마시면 마치 단 이슬 같고, 십선인(十善人)[34]이 마시면 능히 갈증을 면할 것이다. 그러나 그대의 어머니가 마시면 그 물이 뱃 속으로 들어가자마자 뜨거운 불덩이로 변해서 뱃 속을 모두 불태우고 말 것이다."

목련이 다시 부처님께 여쭈었다.

"그렇다면 어떻게 해야 저의 어머니가 아귀의 과보를 면할 수 있겠습니까?"

부처님께서 말씀하셨다.

"여러 보살들을 청하여 마흔 아홉 개의 등(燈)을 켜며 뭇 산목숨을 놓아주고 당번(幢幡)을 만들어 장엄하면 그대의 어머니는 아귀의 과보에서 벗어날 수 있을 것이다."

목련은 곧 부처님의 가르침을 따라 여러 보살들을 청하여 마흔 아홉 개의 등을 켜고 뭇 생명을 놓아주며 당번을 만들어서 어머니가 아귀의 몸에서 벗어나게 하였다.

목련이 다시 부처님께 여쭈었다.

"저의 어머니께서는 아귀의 몸을 벗고 어느 곳에 태어나셨습니까?"

"그대의 어머니가 비록 아귀의 몸을 벗기는 했으나 지금은 왕사성에 태어나 어미 개가 되었느니라."

목련은 곧 발우를 들고 왕사성으로 가서 그 개를 찾았다. 그 개는 멀리서 목련을 보자 달려와 뛰어 오르면서 말했다.

"내가 너의 어미이고 너는 내 아들이다."

목련은 어머니의 소리를 듣고 말했다.

"어머니께서는 이제 개의 몸이 되어 고생을 하시는데 그전에 지옥에서 받던 고통과 비교하면 어떻습니까?"

개가 목련에게 말했다.

"내가 차라리 앞으로도 계속 개의 몸이 되어 사람의 음식 찌꺼기를 먹고 살지언정 지옥이란 소리는 듣기조차도 두렵단다."

목련이 다시 부처님께 여쭈었다.

"어머니가 개의 몸을 받아 고생하고 있는데 어떻게 하면 개의 몸을 벗을 수 있겠습니까?"

부처님께서 다시 말씀하셨다.

"목련이여, 칠월 보름날에 우란분재(盂蘭盆齊)[35]를 베풀면 어머니는 개의 몸에서 벗어날 수 있을 것이다."

목련이 다시 부처님께 여쭈었다.

"부처님이시여, 무슨 까닭에 십삼일, 십사일은 택하지 않고 반드시 칠월 십오일을 택하십니까?"

"목련이여, 칠월 십오일은 스님들이 여름 결제(하안거)를 해제하는 날이다. 기뻐하면서 한 곳에 모여 그대의 어머니를 제도하여 정토(淨土)에 나게 할 것이다."

목련은 곧 부처님의 가르침을 따라서 시장에 나가 버들잎과 잣나무 가지를 사다가 우란분재를 베풀고 어머니를 개의 몸에서 벗어나게 하였으며 부처님 앞에 나아가 오백계(五百

戒)를 받도록 하였다.

그리고 "원하옵건대 어머니는 삿된 마음을 버리고 바른 길로 돌아가시옵소서"라고 발원했다.

이와같은 목련의 효심은 천모(天母)를 감동시켜 목련의 어머니를 영접하여 도리천궁(忉利天宮)[36]에 태어나게 하여 모든 즐거움을 받게 하였다.

또 목련은 효심을 드러내는 설법으로 많은 중생들을 제도하였다.

만일 선남자, 선여인이 이 경을 서사하거나 받아 지니고 독송하면 삼세의 선망 부모와 칠대의 조상이 곧 정토에 왕생할 것이며 입고 먹는 것이 자연스럽게 갖추어지며 장수하고 부귀를 누릴 것이다.

부처님께서 이 경을 설해 마치시자 천룡팔부(天龍八部)[37]와 인비인(人非人)[38] 등은 크게 기뻐하며 믿는 마음으로 받들어 행하며 예배하고 물러갔다.

관음경
(觀音經)

제 1 장 관세음보살의 위신력

그때 무진의보살(無盡意菩薩)[1]이 자리에서 일어나 오른쪽 어깨에 옷을 걷어올리고 오른쪽 무릎을 땅에 꿇으며[2] 부처님께 합장하고 여쭈었다.

"세존(世尊)[3]이시여, 관세음보살[4]은 어떠한 인연으로 그 이름을 관세음이라 하옵니까?"

부처님께서 무진의보살에게 말씀하셨다.

"선남자[5]여, 만약 무량백천만억의 중생이 있어서 갖가지 괴로움을 받을 때 관세음보살의 명호를 듣고 일심(一心)으로 부르면 관세음보살은 곧 그 음성을 두루 관(觀)[6]하고 모두 해탈(解脫)[7]을 얻게 하느니라.

만약 관세음보살의 명호를 받드는 이가 설사 큰 불길 속에 들어간다고 하더라도 그 불은 능히 태우지 못하리라. 이는 곧 관세음보살의 위신력(威神力)을 말미암은 까닭이니라.

만약 큰 물결에 떠내려 간다고 하더라도 관세음보살의 명호를 부르면 곧 안전한 곳에 이르게 되느니라.

또한 무량백천만억의 중생이 있어서 금, 은, 유리, 자거, 마노, 산호, 호박, 진주 등의 갖가지 보배를 구하기 위해 대해(大海)에 들어갔을 때, 검은 바람이 일어 그들이 탄 배가 나찰[8], 아귀[9]들의 나라에 이르렀어도, 그 중 한 사람만 관세음보살의 명호를 부르는 사람이 있다면, 모두 나찰로 인한 재난에서 해탈하리라. 바로 이와같은 인연으로 관세음보살의 명호를 부르는 것이니라.

만약 어떤 사람이 흉기로 해를 입게 되었을 때 관세음보살의 명호를 부른다면 그가 잡은 칼과 몽둥이는 산산이 부서져서 이윽고 해탈하리라.

만약 삼천대천국토[10]에 야차, 아귀들이 가득차 있어서 오는 사람들을 괴롭힐지라도 관세음보살의 명호를 부르는 소리를 듣는다면 모든 악귀들의 사나운 눈초리가 없어질 것이니라. 하물며 관세음보살의 명호를 부르는 사람들을 해치리오.

또 어떤 사람이 죄가 있거나 혹은 죄가 없이 손발이 수갑과 족쇄로 묶여서 그 몸이 갇혀 있다고 하더라도 관세음보살의 명호만 부르면 곧 수갑과 족쇄가 풀리고 해탈하리라.

만약 삼천대천국토에 흉악한 마음을 가진 도둑들이 가득차 있는데 한 상주(商主)가 모든 상인과 함께 귀한 보물을 싣고 험한 길을 지나가게 되었는데 그 중의 한 사람이 소리쳐 말했다.

"모든 선남자들이여, 두려워 하지 말라. 그대들은 마땅히 한마음으로 관세음보살의 명호를 부를지니 이 보살은 능히 두려워함이 없는 용기를 중생에게 베푸신다. 그대들이 만약 관세음보살의 명호를 부른다면 이 도적들로부터 벗어나게 되리라."

모든 상인들이 그 상인의 말을 듣고 소리 높여 나무관세음보살을 부른 까닭에 곧 해탈하게 되었느니라.

무진의여, 관세음보살의 위신력은 높고 거룩하기가 이와 같나니라.

만약 어떤 중생이 음욕이 많더라도 항상 관세음보살을 공경하고 명호를 부른다면 곧 음욕에서 벗어나게 되리라.

만약 어떤 중생이 분노하는 마음이 있더라도 항상 관세음보살을 공경하고 명호를 부른다면 곧 분노에서 벗어나게 되리라.

만약 어떤 중생이 어리석더라도 항상 관세음보살을 공경하고 명호를 부른다면 곧 어리석음에서 벗어나게 되리라.

무진의여, 관세음보살은 이와같은 대위신력으로 수많은 방법으로 중생을 이익케 하나니 항상 마땅히 마음으로 새기고 부를지니라.

만약 어떤 여인이 아들 낳기를 구할진대 관세음보살을 예배, 공양하면 곧 복덕과 지혜를 갖춘 아들을 얻게 되리라.

만약 딸 낳기를 구하더라도 곧 단정하고 아름다운 딸을 낳을지니 그 딸은 숙세에 덕을 심었으므로 뭇 사람의 존경과 사랑을 받을 것이니라.

무진의여, 관세음보살은 이와같은 위신력이 있으므로 만약 어떤 중생이 관세음보살을 예배, 공양하면 그 복은 조금도 헛되지 않으리라. 이런 까닭에 중생들은 마땅히 관세음보살을 예배, 공양하여야 한다.

무진의여, 만약 어떤 사람이 육십이억 항하사[11]의 보살의 명호를 수지하고 다시 그 몸이 다하도록 음식, 와구, 의약으로 공양했다면 그대의 뜻은 어떠한가? 이 선남자, 선여인의 복덕은 많지 않겠는가?"

무진의보살이 말했다.

"매우 많을 것입니다. 세존이시여."

다시 부처님께서 말씀하셨다.

"만약 다시 어떤 사람이 관세음보살의 명호를 수지하고 잠깐이라도 예배, 공양하면 이 두 사람의 복덕은 다를 바 없어서 백천만억 겁이 지나도 다하지 않으리라.

무진의여, 관세음보살의 명호를 수지한다면 이와같은 무량무변한 복덕이 있느니라."

제 2 장 서른 세 가지의 변화신

무진의보살이 부처님께 여쭈었다.

"세존이시여, 관세음보살은 어떻게 이 사바세계(娑婆世界)[12]에 머무시며, 중생을 위해 어떻게 설법하시며 그 방편력은 어떻게 베푸십니까?"

부처님께서 무진의보살에게 말씀하셨다.

"선남자여, 만약 어떤 국토의 중생들을 마땅히 부처님의 모습으로 제도(濟度)[13]해야 한다면 관세음보살은 곧 부처님의 모습을 나타내어 그들을 위하여 설법하며, 벽지불(辟支佛)[14]의 모습을 나타내어 제도해야 한다면 곧 벽지불의 모습을 나타내어 그들을 위하여 설법하시며, 성문(聲聞)[15]의 모습을 나타내어 제도해야 한다면 성문의 모습을 나타내어 그들을 위하여 설법하신다.

또한 범왕(梵王)[16]의 모습을 나타내어 제도해야 할 중생들이라면 범왕의 모습을 나타내어 그들을 위하여 설법하시고 제석신(帝釋身)[17]의 모습을 나타내어 제도해야 할 중생이라면 제석신의 모습을 나타내어 그들을 위하여 설법하시고, 자재천(自在天)[18]의 모습을 나타내어 제도해야 할 중생이라면 자재천의 모습을 나타내어 그들을 위하여 설법하시며, 대자재천의 모습을 나타내어 제도해야 할 중생이라면 대자재천의 모습을 나타내어 그들을 위해 설법하신다.

또 천대장군(天大將軍)의 모습을 나타내어 제도해야 될 중생이라면 천대장군의 모습을 나타내어 그들을 위하여 설법하시고, 비사문신(毗沙門身)[19]의 모습을 나타내어 제도해야 할 중생이라면 비사문신의 모습을 나타내어 그들을 위하여 설법하신다.

또한 소왕(小王)의 모습을 나타내어 제도해야 할 중생이라면 소왕의 모습을 나타내어 그들을 위하여 설법하시며, 장자(長者)[20]의 모습을 나타내어 제도해야 할 중생이라면 장자의 모습을 나타내어 그들을 위해 설법하시고, 거사(居士)[21]의 모습을 나타내어 제도해야 할 중생이 있다면 거사의 모습을 나타내어 그들을 위해 설법하신다.

또 재관(宰官)[22]의 모습을 나타내어 제도해야 할 중생이라면 재관의 모습을 나타내어 그들을 위해 설법하시고, 바라문(婆羅門)[23]의 모습을 나타내어 제도해야 할 중생이 있다면 바라문의 모습을 나타내어 그들을 위하여 설법하신다.

또한 비구(比丘), 비구니(比丘尼), 우바새(優婆塞), 우바이(優婆夷)의 모습을 나타내어 제도해야 할 중생이 있다면 비

구, 비구니, 우바새, 우바이의 모습을 나타내어 그들을 제도
하신다.

만약 장자(長者), 거사(居士), 재관(宰官), 바라문(婆羅門),
부녀(婦女)의 모습을 나타내어 제도해야 할 중생이라면 부
녀 등의 모습을 나타내어 그들을 제도하시며, 동남(童男), 동
녀(童女)의 모습을 나타내어 제도해야 할 중생이라면 동남,
동녀의 모습을 나타내어 그들을 제도하신다.

또한 천(天), 용(龍), 건달바(乾闥婆)[24], 아수라(阿修羅)[25],
긴나라(緊那羅)[26], 마후라가(摩睺羅迦)[27], 인비인(人非人)[28] 등
의 모습을 나타내어 제도해야 할 중생이 있다면 그 모습을
모두 나타내어 그들을 위해 설법하시며, 집금강신(執金剛
神)[29]의 모습을 나타내어 제도해야 할 중생이 있다면 집금
강산의 모습을 나타내어 그들을 제도하신다.

무진의여, 관세음보살은 이와같은 공덕을 성취하여 여러
가지 모습으로 모든 국토를 다니시며 중생을 괴로움에서 벗
어나게 하신다.

그러므로 그대들은 마땅히 한마음으로 관세음보살을 공
양하라. 이 관세음보살마하살은 두렵고 급한 환난 중에서도
능히 두려움을 없애주시느니라. 그러므로 이 사바세계의 중
생들은 관세음보살을 모두 시무외자(施無畏者)[30]라고 부르
느니라."

무진의보살이 부처님께 여쭈었다.

"세존이시여, 제가 이제 마땅히 관세음보살님께 공양하

겠습니다.”

무진의보살은 곧 백천금의 가치가 있는 수많은 보배구슬로 장식된 목걸이를 풀어 관세음보살님께 드리며 말했다.

“어지신 분이시여, 이 보배구슬로 장식된 목걸이를 법시(法施)로 받으소서.”

그때 관세음보살은 기꺼이 받으려 하지 않으셨다.

무진의보살이 다시 관세음보살에게 여쭈었다.

“어지신 분이시여, 저희들을 불쌍히 여기셔서 이 목걸이를 받아 주시옵소서.”

그때 부처님께서 관세음보살에게 말씀하셨다.

“이 무진의보살과 사부대중, 천, 용, 야차, 건달바, 아수라, 가루라, 긴나라, 마후라가, 인비인 등을 가엾게 여겨 이 목걸이를 받으라.”

관세음보살은 곧 모든 사부대중과 천, 용, 인비인을 가엾게 여기는 까닭에 그 목걸이를 받아 두 몫으로 나누어 한 몫은 석가모니 부처님께 바치고 한 몫은 다보불탑(多寶佛塔)에 바쳤다.

무진의보살이여, 관세음보살은 이와같은 자재신력으로 사바세계에 다니시느니라.

그때 무진의보살은 게송으로 여쭈었다.

묘상을 구족하신 세존이시여,
제가 지금 그에 대해서

거듭 묻겠습니다.
저 불자는 무슨 인연으로
관세음이라 부르옵니까?

그때 묘상을 구족하신 세존께서 게송으로 무진의에게 답
하셨다.

제 3 장 찬탄의 노래

그대는 잘 들으라
관세음보살은 거룩한 행으로
사바세계의 모든 곳에
훌륭히 응하신다.

관세음보살의 넓고 깊은 서원은
바다와 같아서
수많은 겁이 지나도록
헤아릴 수 없나니라

천억의 부처님을 모시고
크고 청정한 서원을 발하였느니라

내가 이제 그대를 위하여

간략히 설하건대
관세음보살의 명호를 듣는 이나
그의 모습을 보는 이로서

간절한 마음으로 염원하여
시간을 헛되이 보내지 않는 이는
능히 모든 삶의 고통에서
벗어나게 되리라

만약 그 누가 해칠 마음을 일으켜
큰 불구덩이에 밀어 넣어도
관세음보살의 거룩한 법력을
생각하는 힘으로 불구덩이는
연꽃 핀 연못으로 변하리라

망망한 바다에서 표류하며
용과 사나운 물고기
모든 귀신의 환난을 만날지라도
관세음보살의 거룩한 법력을 외우면
그 힘으로 그 파도에 빠지지 않으리라

혹은 수미산처럼 높은 봉우리에서
사람에게 떠밀려 떨어진다고 하더라도

관세음보살의 거룩한 법력을
생각하는 힘으로 마치 저 허공에
해가 머물듯이 떨어지지 않으리

또 악인에게 쫓기는 바가 되어
험한 금강산에 추락할지라도
관세음보살의 거룩한 법력을
생각하는 힘으로
털끝도 다치지 않으리

원수와 도적들이
모두 칼을 쥐고 해치려하더라도
관세음보살의 거룩한 법력을
생각하는 힘으로 그들은
모두 자비심을 일으키리라

왕난(王難)의 괴로움을 만나서
형벌 앞에서 목숨이 다하려할 때도
관세음보살의 거룩한 법력을
생각하는 힘으로 날카로운 칼날이
산산조각으로 부서지리라

혹은 감옥에 갇혀

수갑과 족쇄로 묶여 있더라도
관세음보살의 거룩한
법력을 생각하는 힘으로
모두 풀려 해탈을 얻게 되리라

저주와 여러 가지 독약으로
나를 해치려 하는 사람이 있더라도
관세음보살의 거룩한 법력을
생각하는 힘으로 해가 도리어
그 사람에게 돌아가리라

혹은 나쁜 나찰, 독룡
모든 귀신들을 만나게 되더라도
관세음보살의 거룩한 법력을
생각하는 힘으로 어느 때이든
감히 해치지 못하리라

만약 사나운 짐승들이 둘러싸고
날카로운 이빨과 발톱으로
해치려고 하더라도
관세음보살의 거룩한 법력을
생각하는 힘으로 맹수들은
멀리멀리 달아나리라

독사와 살무사들이 독기가
불길처럼 타오르더라도
관세음보살의 거룩한 법력을
생각하는 힘으로
저절로 사라지리라

번개와 천둥이 우뢰같고
큰 비가 세상을 잠기게 할지라도
관세음보살의 거룩한 법력을
생각하는 힘으로
마땅히 사라지고 비가 그치리라

중생들이 고통과 재앙을 겪어서
한량없는 괴로움이 핍박할지라도
관세음보살의 묘한 지혜의 힘은
능히 세간의 고통에서 구하시네

신통을 모두 갖추시고
지혜와 방편을 널리 닦아
시방의 모든 국토에
헌신하지 않는 곳이 없네

여러 가지 모든 지옥,

아귀, 축생
나고 늙고 병들고 죽는 괴로움을
덜어서 없애 주시네

참되게 관(觀)하시고
청정하게 관하시며
광대한 지혜로써 관하시고
슬픔으로 관하시고
사랑으로 관하시니
항상 우러러 뵈옵기를 원하옵니다.

오염없는 청정한 빛으로
지혜의 태양으로 모든 어둠을
밝히시며, 능히 바람과 불길의
재앙을 조복하고 널리 세간을
비추시네

슬픔을 체성(體性)으로 삼지만
계는 번개와 같이 굳세고
사랑을 베푸는 뜻은
크고 묘한 구름과 같네
감로의 법비를 내려서
번뇌의 불길을 모두 끄시네

송사를 일으켜 재판을 받고
적군에게 포위되어 있더라도
관세음보살의 거룩한 법력을
생각하는 힘으로 모든 재앙은
물러나 없어지리라

관세음보살의 미묘하신 음성은
맑고 맑은 바다의 음성(海潮音)과 같아
세간의 모든 소리보다 거룩하네
항상 그 음성을 따라 생각하리

생각생각 의심치 않네
거룩하신 관세음보살
고뇌와 죽을 액난에서도
능히 의지처가 되어 주시네

일체의 공덕을 갖추시고
자비로운 눈길로 중생을 지켜보시며
그 복덕이 드넓은 바다와 같으신
관세음보살님께 예배하옵니다

그때 지지보살(持地菩薩)이 자리에서 일어나 부처님께 사
뢰었다.

"세존이시여, 만약 어떤 중생이 이 관세음보살품의 자재한 업과 모든 방편으로 시현하시는 신통력을 들었다면 마땅히 이 사람의 공덕이 큰 것을 알겠습니다."

부처님께서 말씀하셨다.

"그러하느니라."

부처님께서 보문품을 설하셨을 때 대중 가운데의 팔만사천 중생이 견줄 바 없는 아뇩다라삼먁삼보리심(阿耨多羅三藐三菩提心)[35]을 발했다.

역주(譯註)

부모은중경 역주(譯註)

1) 나는 이와 같이 들었다 : 부처님의 십대제자 가운데 아난존자는 부
처님을 항상 곁에서 모시고 부처님의 말씀을 가장 많이 듣고 기억하
는 다문제일(多聞第一)이라고 불리운다. 따라서 "나는 이와 같이 들
었다(如是我聞)"라는 경전의 첫 구절은 아난존자가 부처님께 직접
들었음을 증명하여 의심을 없애주는 첫마디라고 한다.

2) 사위국(舍衛國, 범어 Śrāvastī) : 부처님이 계시던 나라 이름. 이곳의
국왕 파사익은 부처님께 귀의하여 선정을 베풀었다고 전해진다.

3) 왕사성(王舍城) : 고대 인도의 중부 마가다국의 수도. 법화경이 이곳
에서 설해졌다.

4) 기수급고독원(祇樹給孤獨園) : 기원정사라고도 함. 부처님께 귀의한
신도 급고독 장자가 제타태자의 땅을 사서 승단에 절을 지어 올리고
자 하였으나, 급고독 장자의 신심에 감복한 제타태자가 땅을 희사하
여 건립한 절. 급고독 장자는 항상 빈궁한 사람들에게 먹을 것을 보
시하였으므로 '고독한 사람들을 돕는'(급고독) 장자라고 불리운다.

5) 보살(菩薩, 범어 Bodhisattva) : 깨달음을 구하는 사람, 큰 마음을 가
진 사람이라는 뜻. "위로는 부처님의 진리를 구하고 아래로는 중생
을 돕는다(上求菩提 下化衆生)"는 서원을 수행하는 대승불교의 구
도자.

6) 마하살(摩訶薩, Mahāsattva) : '마하'는 큼, 거룩한, 위대한, '살'은 유
정(有情)을 뜻하는 삿트바의 음역. 진리를 구하는 큰 마음을 가진 구
도자라는 뜻. 보살과 같다.

7) 아난(阿難, Ānanda) : 부처님의 종제(從弟)로서 십대제자 중의 한 사
람. 부처님께서 성도하신 밤에 태어났다. 부처님 나이 55세, 아난의
나이 25세 되던 해에 출가하여 25년간 부처님을 모셨다. 기억력이

매우 뛰어나서 부처님께서 말씀하신 것은 모두 암기하고 부처님의
입적 후 제1결집에서 부처님의 말씀하신 바를 외워 냈으므로 다문
제일(多聞第一)이라고 불리운다.

8) 삼계(三界) : 중생들이 살아가는 세계를 그 특성에 따라 욕계(欲界),
색계(色界), 무색계(無色界)로 나눈 것. 욕계는 정욕과 식욕을 가진
중생들의 세계. 색계는 앞의 두가지 욕망은 버렸으나 아직 물질의
제약을 받는 중생들이 사는 세계. 무색계는 욕망이나 물질의 제약을
받지 않는 세계.

9) 사생(四生) : 생명이 태어나는 방식에 따라 네 가지로 분류한 것. 즉
태로 태어나는 것(胎生), 알로 태어나는 것(卵生), 습기에 의해 태어
나는 것(濕生), 화학적 또는 변화하여 태어나는 것(化生)의 네 가지
로 생성되는 생명의 형태.

10) 가람(伽藍, Saṃghārāma) : 승가람(僧伽藍)의 약칭. 중원(衆園)이라
고 옮김. 절의 또 다른 말.

11) 삼보(三寶) : 불교의 삼대 요체(要體)인 불법승(佛法僧)을 세 가지 보
물에 비유한 말. 불교신자가 신앙의 중심인 삼보에 귀의하는 것을
삼귀의(三歸依)라고 한다. 우리나라의 일상법회에서 부르는 삼귀의
는 다음과 같다.

　　지혜와 복덕이 구족하신 부처님께 귀의합니다.

　　　　(歸依佛兩足尊)

　　모든 욕심을 떠난 부처님의 가르침에 귀의합니다.

　　　　(歸依法離欲尊)

　　중생 가운데 존귀하신 스님네께 귀의합니다.

　　　　(歸依僧衆中尊)

12) 생장(生藏) : 염통, 간(肝), 비(脾), 폐(肺).

13) 숙장(熟藏) : 위장과 신장(腎臟).

14) 오역죄(五逆罪) : 무간지옥에 떨어질 다섯 가지 큰 죄. 즉 부친을 살
해하고, 모친을 살해하며, 아라한을 해치고, 부처님 몸에 피를 내며,
화합승단을 파괴하는 죄악.

15) 범음(梵音) : 맑고 우렁찬 부처님의 음성. 법화경 서품에 '부처님의

범음은 미묘하여 사람들이 즐겨 듣는다'라는 구절이 있다.

16) 겁(劫, Kalpa) : 가장 긴 시간의 단위. 우주가 존속되고 파괴되어 없어지는 하나하나의 기간, 즉 우주가 생성되는 성겁(成劫), 우주가 존속되는 주겁(住劫), 우주가 무너지는 괴겁(壞劫), 우주가 소멸되어 존재하지 않는 공겁(空劫). 이 성주괴공이 진행되는 한 주기의 겁을 대겁(大劫)이라고 한다.

겁의 기나긴 시간을 비유로서는 천녀가 백 년에 한 번씩 사방 사십 리의 돌산을 문질러 다 닳아 없어지는 때를 일겁이라고 한다는 이야기가 있다.

17) 재계(齊戒) : 식사와 행동을 삼가고 몸과 마음을 청정히 하는 것. 재계에는 팔관재계(八關齊戒)가 있는데 팔관재계란 재가오계를 수지하는 신자가 매년 삼장재월(三長齊月 : 1월, 5월, 9월)의 육재일(六齊日 : 8일, 14일, 15일, 24일, 29일, 30일)에 지켜야 하는 여덟 가지 계율이다. 즉 ① 살아 있는 목숨을 해치지 말라 ② 훔치지 말라 ③ 사음하지 말라 ④ 거짓을 말하지 말라 ⑤ 술을 마시지 말라 ⑥ 때 아닌 때 먹지 말라 ⑦ 가무를 하거나 듣고 보지 말며 향수를 바르지 말라 ⑧ 높고 큰 평상에 앉지 말라.

18) 보시(布施) : 타인에게 아무런 조건 없이 베푸는 것. 보시에는 물질로 베푸는 재시(財施)와 진리의 말씀을 전하는 법시(法施), 두려움과 근심을 함께 하고 없애주는 무외시(無畏施)가 있다. 육바라밀(六波羅蜜) 중의 하나.

19) 보리심(菩提心) : 보살이 먼저 발해야 하는 마음. 보리는 범어 Bodhi의 음사로서 깨달음, 도(道), 진리라고 옮긴다. 즉 지금까지 세간적인 것에만 몰두하고 있던 자기존재, 마음의 깨달음의 실현, 불도(佛道)의 실천으로 돌리는 것.

20) 오계(五戒) : 재가신자가 수지해야 할 다섯 가지 계율. ① 살아 있는 뭇 목숨을 해치 말라(不殺生) ② 남의 것을 훔치거나 빼앗지 말라(不偸盜) ③ 사음하지 말라(不邪淫) ④ 거짓을 말하지 말라(不妄語) ⑤ 술을 먹지 말라(不飲酒)

21) 천상(天上) : 욕계의 육욕천(六欲天)과 색계(色界), 무색계(無色界)의

여러 세계. 괴로움은 없고 즐거움만 있으나 선업이 다하면 다시 인간이나 아귀, 지옥 등의 육도(六道)에 윤회해야 한다고 함.

22) 지옥(地獄, naraka) : 나락가(那落迦)라고 음사함. 즐거움은 없고 괴로움만 극심한 곳. 죄업을 지은 중생이 그 죄업의 성질에 따라 떨어져서 온갖 괴로움을 받는다고 한다. 지옥에는 여덟 종류의 뜨거운 큰 지옥(八大熱地獄)과 이 속에 16 별처지옥(別處地獄)이 있으며 또한 여덟 종류의 추운 지옥(八寒地獄)과 그 안에 16 별처지옥이 있다고 한다. 죄업이 무거운 중생은 한 지옥에서의 형벌이 끝나면 계속 다른 지옥으로 옮겨 다니면서 끝없는 고통을 받아야 된다고 한다.

23) 무간지옥(無間地獄) : 팔열지옥 중 가장 고통이 극심한 지옥. 아비지옥이라고도 한다. 오역죄를 저지른 중생들이 이 지옥에 떨어지는데 이 지옥에서는 몸으로부터 화염이 나와 일 겁 동안 끊임없는 괴로움을 받는다고 한다.

24) 유순(由旬, Yojana) : 고대 인도의 제왕이 하루 행차하는 거리. 사십 리 혹은 삼십 리라고도 한다.

25) 아수라(阿修羅, Asura) : 불법을 수호하는 여덟 부류의 신중, 즉 팔부신중(八部神衆)의 하나로서 항상 제석천과 싸우는 투쟁적인 악신(惡神)이다. 전투를 일삼는다고 한다. 그러나 불법을 수호하기로 서원한 신이기도 하며 선악을 모두 갖추고 있어서 그 성격이 복잡하다고 함.

26) 가루라(迦樓羅, Garuḍa) : 금시조(金翅鳥)라고도 함. 매우 사나운 새로 용을 잡아먹고 산다고 함.

27) 마후라가(摩睺羅伽, mahoraga) : 팔부신중의 하나. 몸은 사람과 같고 머리는 뱀과 같다고 하며 용의 머리에 속하는 악신으로 묘신(廟神)이라고 함.

28) 인비인(人非人) : 사람과 사람 아닌 것. 여기서는 부처님의 법회에 모인 대중을 천룡팔부(天龍八部)와 인간을 가려서 부른 호칭이다. 그러므로 관음경(觀音經)에서는 긴나라와 인비인을 구별하여 사용하고 있는 용례가 보인다. 그 모습이 사람인지 짐승인지 잘 알 수 없으며 노래와 춤을 즐긴다고 한다.

29) 천(天, deva) : 공덕이 있어서 육욕천(六欲天)에 태어나 몸에서 빛을 발하며 오직 즐거움만을 누리는 신적인 존재들. 그러나 선근의 공덕이 다하면 다시 육도에 윤회해야 한다고 함.

30) 용(龍, nāga) : 팔부신중의 하나.

31) 야차(夜叉, yakṣa) : 팔부신중의 하나. 비사문천(毘沙門天)의 권속으로서 북방을 수호한다고 함. 사람을 해치고 잡아먹는 악귀였다고도 함.

32) 건달바(乾闥婆, Gandharva) : 제석천의 음악을 관장하는 신으로 향기만을 먹고 산다고 한다.

33) 전륜성왕(轉輪聖王, cakravartin) : 정의로써 천하를 통치한다는 고대 인도의 이상적인 제왕.

우란분경 역주(譯註)

1) 대목건련(大目犍連, Mahāmaudgalyāyana) : 부처님의 십대제자 가운데 신통력이 제일 뛰어났으므로 신통제일로 불리운다. 사리불과 함께 부처님의 쌍수제자로 불리우는 그는 신통력으로 많은 중생을 교화하였으나 그에게 적의를 품은 외도들에게 피살되었다고 한다. 신통력이 뛰어난 그였지만 전세의 숙업으로 그 과보를 피할 수 없었다고 한다. 우란분경의 중심인물인 목건련은 초기 불교교단의 대목건련(大目犍連)과는 다른 목건련으로 보인다(《목련경》주 14 참조 바람).

2) 육신통(六神通) : 불도(佛道)를 닦아 체득하는 여섯 가지 신통력.

　① 신족통(神足通) : 어느 장소든 자유로이 왕래할 수 있는 신통력.

　② 천이통(天耳通) : 어느 곳의 소리든지 들을 수 있는 신통력.

　③ 타심통(他心通) : 다른 사람의 생각을 꿰뚫어 아는 신통력.

　④ 숙명통(宿命通) : 전생의 운명을 아는 능력.

　⑤ 천안통(天眼通) : 온 우주를 투시할 수 있는 능력.

　⑥ 누진통(漏盡通) : 번뇌를 완전히 소멸시킬 수 있는 신통력.

　이상의 육신통 가운데 제5통까지는 천신들도 얻을 수 있지만 제6 누진통은 석존과 같은 완전한 깨달은 자만이 체득할 수 있다고 한다.

3) 아귀(餓鬼, Preta) : 생전의 탐욕으로 인한 과보로서 중생이 윤회하는 여섯 세계(육도 : 지옥, 아귀, 축생, 수라, 인, 천) 중의 한 세계. 아귀는 무엇을 먹더라도 곧 불덩어리로 변해서 끊임없는 기갈에 시달리며 그 생김새는 북 같이 큰 배에 바늘만한 목을 가졌다고 한다. 아귀에는 세 종류가 있다고 한다.

　① 아무것도 전혀 먹을 수 없는 무재아귀(無財餓鬼).

② 인간이 버린 부정한 것만을 조금씩 먹을 수 있는 소재아귀(少財
餓鬼).

③ 호화로운 건물이나 풍요로운 곳에 인간과 함께 살지만 항상 부족
함을 느끼며 허덕이는 유재아귀(有財餓鬼).

4) 사천왕신(四天王神) : 욕계 6천의 첫째인 사천왕천의 주인으로서 수
미산의 4주(四州)를 수호하는 신. 호세천(護世天)이라고도 하며 수
미산 중턱에 머문다고 한다.

① 지국천왕(持國天王) : 동쪽을 수호한다고 한다.

② 증장천왕(增長天王) : 남쪽을 수호한다고 한다.

③ 광목천왕(廣目天王) : 서쪽을 수호한다고 한다.

④ 다문천왕(多聞天王) : 북쪽을 수호한다고 한다.

이들 사천왕은 도리천의 주인인 제석천의 명을 받아 사천하를 돌아
다니면서 사람들의 선과 악을 살피고 이를 보고한다고 한다. 우리나
라 사찰에서는 사찰 입구의 천왕문에 사천왕상을 봉안하고 사찰의
수호신으로 삼고 있다.

5) 자자(自恣, Pravāraṇa) : 하안거가 끝나는 날 승단이 한자리에 모여
삼 개월간의 안거 기간 동안의 수행을 점검하고 각각 자신이 타인들
에게 비난받을 만한 행위가 있었는지를 물은 뒤 잘못을 반성하고 참
회하는 행사.

6) 칠세(七世) : 일곱 번의 생을 윤회하는 동안의 부모.
원래는 주대(周代)의 종묘(宗廟) 제사법인 태조(太祖)와 삼소(三昭),
삼목(三穆)에서 유래됨.

7) 사도과(四道果) : 소승불교의 수도자가 증득하는 네 가지 성도(聖道)
체계. 즉 일체의 견혹(見惑)을 끊어서 증득하는 수다한과(須陀漢果).
욕계의 사혹(思惑)을 끊어서 증득하는 사다함과(斯陀含果). 아나함
과(阿那含果), 일체의 번뇌를 끊어 다시 윤회에 들지 않는 아라한과
(阿羅漢果)를 가리킴.

8) 경행(經行) : 좌선중 졸음을 쫓기 위해서 일정 거리를 걷는 것.

9) 성문(聲聞, Śravāka) : 석존이 설하신 진리의 말씀을 전해듣고 깨달
음을 얻은 소승불교의 성자.

10) 연각(緣覺, Pratyeka-buddha) : 독각(獨覺)이라고도 한다. 즉 '연기법 (緣起法)의 진리를 홀로 관하여 깨달음을 얻은 성자'이다.

11) 십지(十地) : 화엄경에서 설하는 보살도 수행의 열 가지 계위 ① 환 희지(歡喜地) ② 이구지(離垢地) ③ 발광지(發光地) ④ 염혜지(焰慧 地) ⑤ 난승지(難勝地) ⑥ 현전지(現前地) ⑦ 원행지(願行地) ⑧ 부 동지(不動地) ⑨ 선혜지(善慧地) ⑩ 법운지(法雲地).

12) 육종친속(六種親屬) : 부(父), 모(母), 형(兄), 제(弟), 처(妻), 자(子).

13) 삼도(三途) : 지옥·아귀·축생을 말하며 삼악도(三惡途)라고도 함.

14) 사부대중(四部大衆) : 출가와 재가의 불제자 일반을 가리키는 말. 즉 비구(比丘), 비구니(比丘尼), 우바새(優婆塞), 우바이(優婆夷).

목련경 역주(譯註)

1) 장자(長者, Śreṣṭhin) : 부호, 자산가로서 불교에 귀의하여 마음이 진실하고 언행이 바른 사람.

2) 육바라밀(六波羅蜜) : 대승불교의 수행자(보살)가 실천하는 여섯 가지 수행덕목. 바라밀은 범어 pāramitā의 음역으로서 지도(智度), 도피안(渡彼岸)이라고 하며 우리말로는 '저 언덕(열반의 세계)으로 건너간다'는 뜻이다. 육바라밀이란 ① 공(空)의 이법을 체득하여 일체 중생에게 헌신하는 보시바라밀(布施波羅蜜) ② 불교의 윤리를 실천하는 지계바라밀(持戒波羅蜜) ③ 인내하고 용서하는 마음의 수행인 인욕바라밀(忍辱波羅蜜) ④ 끊임없는 신심과 끈기인 정진바라밀(精進波羅蜜) ⑤ 선(禪)으로의 길, 선정바라밀(禪定波羅蜜) ⑥ 지혜의 완성, 반야바라밀(般若波羅蜜)이다.

3) 삼 년 동안의 복(服) : 삼 년 동안 상복을 입고 부모의 묘소 곁에 초막을 짓고 묘를 돌봄.

4) 삼보(三寶) : 불교신앙의 삼대 중심인 불법승(佛法僧)을 세 가지 보물에 비유한 것. 불교신자가 신앙의 중심인 삼보에 귀의하는 것을 삼귀의(三歸依)라고 한다.

5) 당번(幢幡) : 법당을 장식하는 장엄도구. 당은 장대 끝을 용머리 형상으로 꾸미고 비단 깃발을 다는 것. 불보살의 지혜와 공덕을 나타내고 중생들을 이끌어 마군들을 굴복시킨다는 표치. 번은 갖가지 교리를 상징하는 장엄물을 매달아 법당 안에 설치하는 장엄도구.

6) 오백승재(五百僧齊) : 시주가 오백 명의 스님들을 아무런 차별없이 청하여 음식공양을 올리는 것. 우리나라에서는 고려시대에 많이 행해졌으며 반승재(飯僧齊)라고 한다.

7) 아비대지옥(阿鼻大地獄, Āvici-raurava) : 아비는 쉴 틈이 없이 계속

고통받는다는 의미에서 무간(無間)이라는 뜻. 즉 무간지옥이다. 가장 고통이 극심한 지옥으로서 이 지옥의 중생들이 고통에 못이겨 지르는 소리를 아비규환(阿鼻叫喚)이라고 하여 요즘 우리말에서도 쓰이고 있다.

8) 자오(慈烏) : 자오는 까마귀를 가리킨다. 까마귀 새끼는 자라서 그 부모에게 먹을 것을 물어다 주므로 효성이 지극한 새라고 한다. 백거이(白居易)의 시(詩) 자오야제시(慈烏夜啼詩)에는

   '그 어미를 잃은 까마귀

   까악까악 슬픈 소리를 토하네

   (慈烏失其母 啞啞吐哀音)'

라는 구절이 있다.

9) 기사굴산(耆闍窟山, Gṛdhrakūta) : 석존 당시 마가다국의 수도 왕사성 부근에 있던 산. 이 산에는 독수리가 많이 살았으므로 취봉(鷲峰), 영취산(靈鷲山)이라 한다. 석존이 법화경을 설한 곳.

10) 세존(世尊, Bhagavat) : 부처님의 지혜와 덕을 나타내는 10대 명호의 하나로서 세간에서 가장 존귀하신 분이라는 뜻. 부처님의 10대 명호는 다음과 같다. ① 여래(如來) ② 응공(應供) ③ 정변지(正遍知) ④ 명행족(明行足) ⑤ 선서(善逝) ⑥ 세간해(世間解) ⑦ 무상사(無上士) ⑧ 조어장부(調御丈夫) ⑨ 천인사(天人師) ⑩ 불세존(佛世尊).

11) 남염부제(南閻浮提, Jambudvīpa) : 남섬부주(南贍部州)라고도 한다. 인도인은 이 세계가 수미산을 중심으로 형성되어 있으며 이 산의 주변에는 구산(九山)과 팔해(八海)가 있고 그 일곱번째 산의 주위에는 바다로 둘러싸인 네 개의 섬이 있다고 한다. 이 네 개의 섬을 사대주(四大州)라고 한다. 동쪽에는 동승신주(東勝神州), 서쪽에는 서우화주(西牛貨州), 북쪽에는 북구로주(北俱盧州), 남쪽에는 남섬부주(南贍部州)가 있다고 한다. 이 남섬부주가 지금 우리가 살고 있는 사바세계라고 한다.

12) 부도(浮圖) : 고승의 사리나 유골을 봉안하는 석종(石鐘) 모양의 탑. 부도는 붓다를 가리키는 범어 붓다(Buddha)의 전음(轉音)으로서 후세에는 원래 탑을 뜻하는 스투파(Stūpa)의 의미로 사용되었음.

13) 수기(受記) : 부처님 또는 덕이 높은 보살이 중생에게 언제 꼭 성불하게 되리라는 예언을 주는 것. 법화경 권3에 수기품(受記品)이 있다.

14) 대목건련(大目犍連, Mahā-maudglāyana) : 부처님의 10대 제자 가운데 신통력이 제일 뛰어났으므로 신통제일로 불리운다. 사리불과 함께 부처님의 쌍수제자로 불리우는 그는 신통력으로 많은 중생을 교화하였으나 그에게 적의를 품은 외도들에게 피살되었다고 한다. 신통력이 뛰어난 그였지만 전세의 숙업으로 그 과보를 피할 수 없었다고 한다.

이 목련경의 중심인물인 목건련은 초기불교 교단의 대목건련과는 다른 인물로도 보이는데 목건련은 부처님의 시자 아난보다도 일찍 출가하여 교단의 중요 인물이 되었으므로 이 경에서 "아난에게 명하여 나복의 머리와 수염을 깎게 하고(卽遣阿難 剃除鬚髮)"는 앞뒤가 맞지 않다.

또한 "세존께서 머리를 만져 수기(受記)를 하시고 이름을 고쳐 대목건련(大目犍連)이라 부르시고 나의 십대제자 가운데 신통이 제일이었다고 말씀하셨다라는 본 경의 서술로 보아 원래의 대목건련의 법명을 이은 제2의 목건련으로 생각해 볼 수 있다. 그러나 본 경의 내용과 같이 수많은 지옥을 드나들며 효성과 부처님의 도움으로 어머니를 구한다는 이야기는 반드시 뛰어난 신통력을 가진 주인공이어야만 한다.

그러므로 본경에서의 목건련은 적어도 신통제일의 대목건련이 가진 특성을 그대로 수용하고 있는 인물이다.

15) 화락천궁(化樂天宮, Nirmāṇarataya) : 육욕천(六欲天) 중의 제5천. 모든 것이 자연히 즐거움으로 변화하는 하늘. 《지도론(智度論)》 권9, 《인왕경(仁王經)》 권 上, 《구사론(俱舍論)》 권11에서 설해지고 있다.

16) 검수지옥(劒樹地獄) : 대아비지옥에 속하는 18부지옥(副地獄) 중의 하나. 사방이 날카로운 칼날로 뒤덮힌 나무에 매달려 고통받는다는 지옥.

17) 석합지옥(石磕地獄) : 8지옥 중의 제3지옥인 중합지옥(衆合地獄)을 가리킴. 맷돌로 죄인을 갈아 고통을 준다는 지옥. 석할지옥(石割地獄)이라고도 한다.

18) 아귀(餓鬼, Preta) : 생전의 탐욕으로 인한 과보로서 중생이 윤회하는 여섯 세계(六道 : 지옥, 아귀, 축생, 수라, 인, 천) 중의 한 세계. 무엇을 먹더라도 곧 불덩어리로 변해서 끊임없는 기갈에 시달리며 그 생김새는 배는 큰데 비하여 목구멍은 바늘만 하다고 한다. 또 아귀에는 세 종류의 아귀가 있다고 한다. ① 아무것도 전혀 먹을 수 없는 무재아귀(無財餓鬼) ② 인간이 버린 부정한 것만 조금씩 먹을 수 있는 소재아귀(小財餓鬼) ③ 호화로운 건물이나 풍요로운 곳에서 인간과 함께 살지만 항상 부족함을 느끼며 허덕이는, 영원히 불만의 세계에서 고통받는 유재아귀(有財餓鬼).

19) 회하지옥(灰河地獄) : 대아비지옥에 속하는 18부지옥(副地獄) 중의 하나. 잿물의 바다에서 표류하며 구원의 기대가 늘 좌절되는 고통을 받는다는 지옥.

20) 확탕지옥(鑊湯地獄) : 대아비지옥에 속하는 18부지옥(副地獄) 중의 하나. 큰 가마솥에 삶겨지는 고통을 받는 지옥.

21) 화분지옥(火盆地獄) : 8대지옥 중 제6 초열지옥(焦熱地獄)의 다른 이름. 무시무시한 불길이 온 몸을 태우며 죄인은 항상 이글이글 타오르는 불이 담긴 동이를 머리에 이고 있어야 한다고 함.

22) 우두옥졸(牛頭獄卒) : 소머리에 사람의 형상을 한 지옥의 간수. 소를 잡아 식용하는 인류의 업보를 경계하고 터부를 상징한다.

23) 석장(錫杖) : 주장자라고도 하며 불교 수행자가 소지하는 지팡이의 일종. 길을 갈 때 물의 깊이를 재거나 보행의 편리를 위해서 사용되었으나 금속으로 윗부분을 장식하고 고리를 달아 소리를 냄으로써 벌레나 짐승들이 보행자의 발길에 희생되지 않도록 하는 구실도 했음. 또는 스님의 위엄을 갖추는 장엄도구로써 사용된다.

24) 가사(袈裟, Kaṣāya) : 스님의 법복으로서 복전의(福田衣), 공덕의(功德衣), 간색의(間色衣), 이진복(離塵服), 연화복(蓮華服)이라고 한다. 화려한 색깔의 천을 사용하지 않고 헌 형겊을 주워다가 꿰매어 만들

었으므로 분소의(糞掃衣)라고 한다. 가사에는 내의(內衣), 하의(下衣)를 뜻하는 안타회(安陀會)와 상의(上衣), 법의(法衣)를 뜻하는 울다라승(鬱多羅僧), 그리고 대의(大衣), 합의(合衣)의 뜻을 가지고 있으며, 스님이 법문이나 포살, 외출시에 입는 정식법복인 승가리(僧伽梨)가 기본으로서 여기에 발우(鉢盂)를 더해 삼의일발(三衣一鉢)이라고 부른다. 삼의일발은 스님의 기본 소지품이다.

25) 오역죄(五逆罪) : 무간지옥에 떨어지는 다섯 가지 큰 죄악. 부친을 살해하고, 모친을 살해하며, 아라한을 해치고, 부처님의 몸에 피를 내며, 화합승단을 파괴하는 행위.

26) 비구(比丘) : 범어 빅쿠 bhikṣu에서 파생된 단어로서 '얻어 먹는다'(乞士)는 뜻을 가지고 있다. 비구는 이십 세 이상의 남자로서 구족계(具足戒)를 수지한 정식 스님이다. 구족계는 비구계라고도 하며 전부 250가지의 계율이 있다.

27) 비구니(比丘尼, bhikṣuṇī) : 이십 세 이상의 여성으로서 348계를 수지한 여성수행자.

28) 우바새(優婆塞, upāsaka) : 출가하지 않고 세속에 살면서 불교에 귀의한 남자 신도.

29) 우바이(優婆夷, upāsikā) : 출가하지 않고 세속에 살면서 불교에 귀의한 여자 신도.

30) 다라수(多羅樹)는 종려과에 속하는 식물. 인도, 미얀마, 스리랑카 등지에서 자란다. 나무의 높이는 70~80척으로서 고대 인도에서는 이 나무로 척의 단위를 삼았다. 이 나무의 잎은 넓고 단단하여 종이 대신으로 쓰였다. 여기에 경전을 썼으며 이를 패엽경(貝葉經)이라고 한다.

31) 염라대왕(閻羅大王) : 죽은 자의 세계, 즉 지옥의 세계를 지배하는 죽음의 신. 염라는 범어 야마(Yama)의 음역.

32) 탁생(托生) : 어머니의 태에 의탁하여 태어나는 것. 또는 극락세계의 연화대를 태로 삼아 극락에 왕생하는 것.

33) 소흑암지옥(小黑闇地獄) : 대아비지옥에 속하는 18부지옥(副地獄)의 하나. 칠흑 같은 어둠 속에서 고통받는다는 지옥.

34) 십선인(十善人) : 몸과 말, 뜻[身口意]으로 열 가지 악을 범하지 않고 열 가지 선을 행하는 사람. 열 가지 선이란 ① 불살생(不殺生) ② 불투도(不偸盜) ③ 불사음(不邪淫) ④ 불망어(不妄語) ⑤ 불양설(不兩舌) ⑥ 불악구(不惡口) ⑦ 불기어(不綺語) ⑧ 불탐욕(不貪慾) ⑨ 불진에(不瞋恚) ⑩ 불사견(不邪見)을 가리킨다.

35) 우란분재(盂蘭盆齊) : 음력 칠월 보름 선망부모와 유주무주(有主無主)의 외로운 혼의 극락왕생을 발원하며 베푸는 영가 천도의식.
우란분재는 거꾸로 매달린 듯한 고통을 받는 영가들을 위로하고 극락왕생을 발원하는 의식이다. 또한 우란분재는 백중, 백종이라고도 하며 불가의 사대명절 중의 하나이다. 음력 7월 15일은 승단의 하안거를 해제하는 날이며 대중 앞에서 그동안의 수행을 점검하는 포살의 날이다. 이 우란분재를 지내는 음력 칠월 보름은 하루내내 절에서 목탁소리가 끊이지 않고 울려나오는 날이다. 우란분재는 우리가 여러 생을 윤회하면서 기쁘고 슬픈 인연을 선망부모, 친지와 유주, 무주의 외로운 혼들의 명복을 빌고 감사함을 표시하는 날인 것이다.

36) 도리천궁(忉利天宮, Trāyastriṃśa) : 남섬부주 위의 수미산 제일 정상에 있다는 하늘. 33천이라고도 한다.

37) 천룡팔부(天龍八部) : 불법을 수호하는 여덟 부류의 무리. 천(天), 용(龍), 야차(夜叉), 건달바(乾闥婆), 가루라(迦樓羅), 아수라(阿修羅), 마후라가(摩睺羅迦), 긴나라(緊那羅).

38) 인비인(人非人) : 사람과 사람 아닌 것. 여기선 부처님의 법회에 모인 대중을 천룡팔부(天龍八部)와 인간을 가려서 부른 호칭이다. 한역 불전에서 인비인(人非人)이라고 번역되는 긴나라(緊那羅)와 혼동해서는 안 된다. 그러므로 관음경(觀音經)에서도 긴나라(緊那羅)와 인비인(人非人)을 구별하여 사용하고 있다.

관음경 역주(譯註)

1) 무진의보살(無盡意菩薩, Akṣayamati) : 부처님께서 보장엄당에서 대
   집경(大集經)을 설할 때 동방 불순국(不瞬國)의 보현여래의 처소에
   서 와서 80무진의 법문을 설했다는 보살. 이 경이 무진의보살경(無
   盡意菩薩經)이다.

2) 오른쪽 무릎을 땅에 꿇으며 : 원문은 '편단우견(偏袒右肩)'이다. 편단
   우견은 가사(袈裟)자락을 오른쪽 어깨 위에 정리하고 오른쪽 무릎
   을 꿇어 최상의 존경을 표하는 인사방법.

3) 세존(世尊, bhagavat) : 세간에서 가장 존귀하신 분이라는 뜻. 부처
   님의 지혜와 덕을 나타내는 10대 명호의 하나.

4) 관세음보살(觀世音菩薩, Avalokiteśvara) : 즉 세간의 고통스러운 소
   리를 관(觀)하여 중생을 제도하는 보살이라는 뜻이다. 관세음보살은
   천수천안(千手千眼)의 보살이라고 불릴 만큼 무한한 방편과 인연으
   로 중생들에게 자비를 베풀고 깨달음으로 인도하는 대승불교의 대
   표적인 보살이다. 관음경에서는 관세음보살이라고 표기하고 있지만
   반야계 경전에서는 주로 관자재보살(觀自在菩薩)이라고 표기한다.
   특히 현장(玄奘) 삼장이 번역한 반야심경에서는 관자재보살이라고
   옮기고 있으며 지혜륜(智慧輪) 삼장이 역출한 반야심경에서는 '觀世
   音自在菩薩'이라고 옮기고 있다. 즉 관세음보살은 자비를 강조하는
   호칭이며, 관자재보살은 지혜를 강조하는 표현인 것이다. 관음경의
   번역자 구마라집은 지혜가 강조되는 관자재보살보다는 중생의 구원
   자로서 '세간의 고통스러운 음성을 관(觀)하여 제도하는 보살'으로
   서의 자비가 더욱 강조되는 관세음보살이라고 옮기고 있는 것이다.

5) 선남자(善男子, Kula-putra) : Kula는 가족, 종족, 특히 양가(良家)를
   의미하며 putra는 아들을 뜻한다. 여기서는 '훌륭한 사람'을 뜻한다.

6) 관(觀, vipaśanā) : 관이란 일반적으로 알려진 '봄', '앎'이 아니라 인간의 가장 직각적(直覺的)이고도 깊은 감성, 예지, 직관의 활동을 의미한다. 즉 지혜의 활동에 의한 바른 통찰이다. 불교에 있어 본다는 것은 항상 마음의 눈으로 보는 것이다.

7) 해탈(解脫, Vimokṣa) : 번뇌의 속박에서 벗어나 자유를 누리는 것을 뜻한다. 열반과 함께 불교 수행의 목표.

8) 나찰(羅刹, rākṣasa) : 가외(可畏), 속질귀(速疾鬼)라고 옮긴다. 악귀의 총칭.

9) 아귀(餓鬼, preta) : 생전의 탐욕으로 인한 과보로서 중생이 윤회하는 여섯 세계(六道 : 지옥, 아귀, 축생, 수라, 인, 천) 중의 한 세계. 아귀는 무엇을 먹더라도 곧 불덩이로 변해서 끊임없는 기갈에 시달리며 그 생김새는 북 같이 큰 배에 바늘만한 목을 가졌다고 한다. 세 종류의 아귀가 있다고 한다.

10) 삼천대천국토(三千大千國土) : 이 사바세계를 1소세계라고 하고 이것을 천 개 모은 것을 소천세계, 소천세계를 천 개 모은 것을 중천세계(中千世界), 다시 이것을 천 개 모은 것을 대천세계라고 한다. 이 대천세계를 세 번 모은 것을 삼천대천세계 즉 무한의 세계를 의미한다.

11) 항하사(恒河沙) : 갠지스 강의 모래알만큼 많은 무한수. 여기서는 육십이억의 갠지스 강의 모래를 뜻하므로 실로 상상할 수 없는 무한수이다.

12) 사바세계(娑婆世界) : '이 세계는 온갖 괴로움이 많으므로 참아야 하는 곳'이라는 의미에서 인토(忍土)라고 하며 우리가 살고 있는 이 세계를 가리킨다.

13) 제도(濟度) : 생사의 고해(苦海)에 빠져 표류하는 중생을 제도하는 것.

14) 벽지불(辟支佛, pratyekabuddha) : 독각(獨覺)이라고 옮긴다. 부처님이 세간에 출현하셨을 때 법을 듣고 사유하여 발심한 뒤 부처님이 세간에 안 계실 때 몸을 받아 세간에 머물지 않고 홀로 고요히 자연의 도리를 관하여 깨달음을 얻은 성자(聖者).

15) 성문(聲聞, śrāvaka) : 부처님께서 설하신 진리의 말씀을 듣고 깨달음을 얻은 소승불교의 성자.

16) 범왕(梵王, Brahma) : 대범천왕의 다른 이름. 초선천(初禪天)의 왕으로서 색계 대범천의 높은 누각에 주한다고 한다. 인도의 신화에 의하면 이 세계가 처음 이루어질 때 광음천에서 내려온 대범천왕이 만물을 만들었다고 한다. 불교에서는 제석천과 함께 불법을 옹호하는 신이라고 하며, 부처님이 세간에 출현하실 때마다 제일 먼저 설법하기를 청한다고 한다.

17) 제석신(帝釋身, Śakrādevandra) : 도리천의 왕으로서 사천왕과 삼십이천을 통솔하며 불법과 불법에 귀의한 사람을 보호한다고 한다. 아수라의 군대와 싸운다는 임금.

18) 자재천(自在天, Maheśvara) : 자재천과 대자재천 두 종류가 있다. 자재천은 비사사마혜수라(毘舍闍摩醯首羅)라고 하며 두 눈에 여덟 개의 팔을 가진 모습으로 흰 소를 타고 색계에 주한다고 한다. 대자재천은 정거마혜수라(淨居摩醯首羅)라고 하며 색계의 정상인 정정거천(頂淨居天)에 주하며 매우 훌륭한 모습을 갖고 있는 천신(天神)이라고 한다. 불교에서는 마혜수라를 섬기는 외도를 마혜수라외도(摩醯首羅外道)라고 한다.

19) 비사문신(毗沙門身, Vaiśravaṇa) : 야차와 나찰을 이끌어 북방을 수호하고 사람들에게 복을 주는 일을 맡은 천왕. 사천왕중의 다문천왕(多聞天王)이다.

20) 장자(長者, śreṣṭha) : 부호, 자산가로서 불교에 귀의하여 마음이 진실하고 언행이 바른 사람.

21) 거사(居士) : 재가신자로서 불법에 정통한 사람. 또는 학문과 도덕이 높으면서도 관직에 나아가지 않은 선비.

22) 재관(宰官) : 제왕을 도와 정무(政務)를 총괄하는 재상. 총리.

23) 바라문(婆羅門, Brāhmaṇa) : 인도의 사성계급(四姓階級) 중의 최고 계급. 정행(淨行), 정지(淨志), 범지(梵志)라고 번역한다. 바라문교의 제사의식과 교리를 담당하며 신의 후예라는 권위를 강조한다.

24) 건달바(乾闥婆, gandharva) : 제석천의 음악을 맡은 신으로 향기만

을 취하므로 심향행(尋香行), 심향(尋香), 식향(食香)이라고 옮긴다. 부처님이 설법하는 법회에 나타나 불법을 찬탄하고 불법을 수호한다고 함.

25) 아수라(阿修羅, asura) : 불법을 수호하는 여덟 부류의 신장. 즉 팔부신중(八部神衆)의 하나로서 항상 제석천과 투쟁을 일삼는 전투의 신이다. 그러나 불법을 수호하기로 서원한 신이기도 하며 선악을 모두 갖추고 있어서 그 성격이 복잡하다고 함.

26) 긴나라(緊那羅, kiṁnara) : 한역 불전에서는 인비인(人非人)이라고 옮기고 있으며 그 모습이 사람인지 짐승인지 일정하지 않으며 노래와 춤을 즐긴다고 한다.

27) 마후라가(摩睺羅迦, mahoraga) : 팔부신중(八部神衆)의 하나. 몸은 사람과 같고 머리는 뱀이라고 하며 용의 무리에 속하는 신으로 묘신(廟神)이라고도 함.

28) 인비인(人非人) : 사람과 사람 아닌 것. 팔부신중(八部神衆)과 사람을 구별하여 부르는 호칭. 관음경에서는 긴나라와 인비인을 구별하여 사용하고 있는 점에 유의해야 한다.

29) 집금강신(執金剛神, Vajrapāṇi) : 지금강(持金剛), 밀적역사(密迹力士), 밀적금강역사(密迹金剛力士)라고도 부르며 손에 금강저(金剛杵)를 들고 석존의 곁을 지키며 나쁜 일을 행하는 중생을 징계한다고 한다.

30) 시무외자(施無畏者) : 중생들의 두려움을 없애주는 관세음보살의 이칭.

31) 아뇩다라삼먁삼보리심(阿耨多羅三藐三菩提心, anuttarāsamyaksaṃbodiḥ) : 무상정등각(無上正等覺), 무상정변지(無上正遍智)라고 옮기며 최상의 바르고 평등한 깨달음, 바르고 넓은 지혜를 뜻한다.

해　설

부모은중경 해설

부모은중경의 마음

《부모은중경(父母恩重經)》은 효도의 경전이다. 동서고금을 막론하고 《부모은중경》만큼 부모의 은혜를 탁월하고 깊이 있게 그려낸 고전은 없을 것이다.

이 경전은 인류가 두 발로 서기 시작했을 때부터 변함없는 부모와 자식의 운명을 속임없이 진솔하게 그려낸다.

이 경전에서 부모는 항상 자식으로 인해 천생의 슬픔을 안고 사는 존재이다. 또한 자식은 부모의 슬픔을 전혀 깨닫지 못하고 불효와 불의를 일삼는 존재로 그려진다. 그렇다. '자식을 낳아봐야 부모의 마음을 안다'는 속담처럼 우리는 부모가 가진 천생의 슬픔을 깨닫지 못하고 항상 부모의 가슴을 아프게 하는 철없는 자식들인 것이다.

《부모은중경》은 부모의 슬픔을 애조 띤 문체로 진솔하게 그려냄으로써 읽는 이들로 하여금 인간의 근원적인 매듭,

즉 부모와 자식의 운명을 성공적으로 그려내고 있다.

그래서 《부모은중경》의 가치는 오늘 우리에게 다른 여느 경전 못지 않은 무게를 갖고 다가온다.

부모은중경의 구성

《부모은중경》은 '부모님의 깊은 은혜를 설하는 경전'이다. 원제는 《불설대보부모은중경(佛設大報父母恩重經)》.

불교는 고도의 사상적 체계를 갖춘 종교이며 인간의 윤리적 품성을 함양하는 실천체계를 발전시켜 왔다. 그러나 불교는 일차적으로 세간적 오염을 정화하고 업, 번뇌로부터의 해탈을 지향한다는 점에서, '세속윤리 특히 효(孝)의 윤리를 외면하고 있지는 않은가'라는 의문를 받아 왔다. 이것은 여러 시대의 불교 비판자들이 불교에 대한 불만을 터뜨릴 때마다 으레히 내세우는 주제였다.

불교는 본시 자비, 인과응보, 시은보은(施恩報恩)의 사상을 바탕으로 세속윤리의 철저한 완성을 추구하는 종교이다. 불교사에 있어서 가장 위대한 제왕으로 알려져 있는 인도의 아쇼카(Asoka, B.C. 268~232 재위) 왕은 자신의 정치이념과 불교신앙을 새긴 석주(石柱)를 인도의 곳곳에 세웠다. 그는 석주에 새겨진 자신의 칙명에서 다음과 같이 선포했다.

"아무리 광대한 보시를 행하더라도 극기, 마음의 청정,

보은에 대한 견고하고 깊은 믿음이 없다면 그는 천한 사람이다."

계속하여 그는 바람직한 인간관계를 강조하는 칙명으로서 양친과 스승에 대한 순종, 종교인에 대한 보시와 존경, 그리고 친우와의 바른 관계 및 극빈자와 하인에 대한 바른 대우를 선포하고 있다.

《부모은중경》에서 설해지는 '효의 윤리' 역시 불교적 보은(報恩)의 정신을 바탕으로 인간의 도리를 일깨우고 있다. 불교는 《부모은중경》을 통해서 부모의 은혜를 깨닫고 보은에 힘쓰는 효심이야말로 부처님의 마음이며 불교의 마음이라는 것을 민중 속에 뿌리 내리고 있는 것이다.

그 대표적인 효심(孝心)의 경전이 바로 《부모은중경》인 것이다. 이 경전은 오직 불교적 관점에서의 인간 이해만이 그려낼 수 있는 인간의 깊은 슬픔과 사랑, 자식에 대한 부모의 슬픔과 사랑을 담고 있는 경전이다.

이 경전의 구성은 다음과 같다.

부처님께서 아난과 함께 여행하다가 길가에 뒹구는 뼈무더기를 보고 절을 한다. 아난이 "왜 절을 하십니까?"라고 묻자 부처님께서는 "끝없는 옛적부터 금생에 이르는 동안 육도중생(六道衆生)이 다 나의 부모형제 아님이 없다"고 말씀하신다.

이것이 《부모은중경》의 시작이다.

또 부처님께서는 아난에게 그 뼈의 남녀 성별을 구분해 주며 아기를 낳아 기른 어머니의 고통과 열 가지 크신 은혜〔十重大恩〕를 설하신다.

그 열 가지 속에는 자식들이 저지르는 온갖 불효의 형태를 매우 적나라하게 설하고 있다. 그리고 부모의 은혜에 보답하는 길을 설한다. 뿐만 아니라 온갖 불효의 과보로 지옥의 고통을 설명한다.

끝으로 아난과 법회에 모인 대중들이 효행을 서원하고 이 경이 후세까지 계승 발전하도록 유언하는 데에서 이《부모은중경》은 막을 내리고 있다.

생명에 대한 경외심을 설하는 경전

옛부터 우리는 부모친지의 은혜를 기리며 보답하는 효를 국가의 존립, 사회의 안녕, 가족의 평화에 근본을 이루는 미덕으로 삼아 왔다. 그러나 더욱 깊이 생각해본다면 우리는 한 세대의 부모뿐만 아니라 부모의 부모 또 그 부모의 부모, 즉 선대(先代)로부터 많은 생명의 은혜를 입고 있다. 그러므로 모든 개인은 자신의 존재를 자랑할 만한 충분한 이유가 있다.

그러나 우리는 선조들의 하늘과 같은 은혜를 잊어 버리고 마치 저 혼자 성장하여 사람이 된 것처럼 생각하고, 자만에 빠져서 불효를 저지르고 있다.

《부모은중경》은 바로 저 아득한 베일 속의 먼 과거로부터 면면이 흘러온 생명의 은혜를 깨닫고 보답할 것을 가르치는 경전이다.

우리는 생명에 대한 깊은 경외심을 갖고 감사하는 마음을 가질 필요가 있다. 그렇게 함으로써만이 우리는 인류만이 아닌 다른 종류의 생명에 대해서도 자비로운 마음을 가질 수 있는 것이다. 그것이 바로 부모의 한량없이 크고 깊은 은혜에 보답할 것을 가르치는 불교의 효행정신인 것이다.

부모친지를 떠나 모든 이웃을 가족으로 삼아야 하는 출가자들에게도 역시 효행은 불교적 자각으로 승화되고 있다.

조선시대의 고승으로서 깊은 수행력과 신통력으로 유명한 진묵(震默, 1562~1633) 조사의 효행은 매우 지극했다. 스님은 늙으신 어머니를 절 가까운 곳에 모셔다 봉양하였으며 이윽고 어머니가 돌아가시자 49재를 지낸 뒤 다음과 같이 '어머님 영전에 올리는 글[祭母文]'을 썼다.

태중(胎中)에서 열 달 동안 길러주신 은혜를
어떻게 갚사오며
슬하에서 삼 년간이나 길러주신 은혜를
잊을 수 없나이다.

만세(萬歲)에 만세를 더 사셔도

자식된 마음은 오히려 부족하거늘
백 년 안에 백 년도 채우지 못하셨으니
어머님 수명은 어찌 그리 짧으십니까.

표주박 하나로 길에서 걸식하는
이 납승은 이미 그렇다고 하지만
규중의 어린 누이는
어찌 슬프지 않겠습니까.

상단불공도 마치고
하단제사도 마치니

스님들은 모두 각자 방으로 돌아가고
앞산은 첩첩하고 뒷산은 중중한데
어머니의 혼백은 어디로 가시렵니까
오호, 슬프도다.

　이처럼 생사를 초탈하고 불법의 깊은 경지를 체득한 고승
이었지만 부모님의 은혜가 지중한 것임을 누구보다도 잊지
못했던 것이다.

부모은중경의 역사

《불설부모은중경(佛說父母恩重經)》이라는 경명이 불교의 경전 목록에 처음 등장하는 것은 무주혁명(武周革命)을 일으킨 당(唐)의 측천무후 시대이다.

불수기사(佛授記寺)의 명전(明銓)이 무후의 칙명에 의해 천책만세원년(天册萬歲元年, 695) 10월 26일 검정한 《대주간정중경목록(大周刊定衆經目錄)》 권15의 위경목록(僞經目錄)에 《불설부모은중경》이라는 제목이 실려 있는 것이 처음이다.

이때 이미 《부모은중경》은 부처님이 직접 설하신 경전이 아닌 후대에 이루어진 경전〔僞經〕으로 분류되고 있었던 것이다. 그뒤 당(唐)의 문화가 한창 꽃피던 현종(玄宗) 개원(開元) 18년(730), 칙명에 의해 장안(長安) 서숭복사(西崇福寺)의 지승(智昇)이 편찬한 《개원석교록(開元釋教錄)》 권18의 위망난진부(僞妄亂眞部)에도 수록되었다.

또 돈황본(敦煌本) 부모은중경도 여러 본이 있는데 《대정신수대장경》 85권, 고일부(古逸部)에 수록된 돈황본 《불설부모은중경》은 대영박물관 소장본 스타인(Stein) 1907호를 다른 본과 교감하여 수록한 것이다. 뿐만 아니라 돈황 막고굴에도 《부모은중경》을 주제로 한 벽화 부모은중경변상도(父母恩重經變相圖)가 여러 점 그려져 있기도 하다.

우리 선조들은 이미 고려시대에 《부모은중경》을 사경(寫經)했다. 고려시대의 사경으로는 《부모은중경》 상중하 3권을 사경한 두루말이 본 高麗紺紙銀字寫經이 있다(일본 교토의 伊藤庄兵씨 소장). 이 문헌은 상중하 3권본으로 구성되어 있지만 사실은 3종의 부모은중경 이본(異本)을 집성하고 있는 귀중한 문헌이다. 어쩌면 우리나라의 가장 오랜 《부모은중경》의 필사본일지도 모를 보물이 일본땅에 수탈되어 가 있는 것이다(禿氏祐祥 《父母恩重經의 異本》 참조).

조선시대에 들어 《부모은중경》은 대중의 경전으로 더욱 각광받아 절에서는 앞다투어 이 경전을 우리말로 번역하고 판각하여 보급했다. 시대순에 따라 대표적인 세 가지를 들어보기로 한다.

① 불설대보부모은중경 1권, 顯宗 9년(1668) 慶尙道 開寧 白馬山 敞防寺 刊.

② 부모은중경 1권, 肅宗 13년(1687) 慶尙道 天寶山 佛巖 寺 刊.

③ 부모은중경 1권, 正祖 20년(1799) 京畿道 道花山 龍珠 寺 刊.

특히 용주사본 《부모은중경》은 조선시대의 탁월한 화가로 손꼽히는 단원 김홍도(金弘道, 1760~?)의 그림을 싣고 있어서 매우 아름다운 판본이다. 이후 《부모은중경》은 계속 출간되어 한국불교의 일상 경전이 되었다.

눈앞의 금전적, 이기적인 가치가 우선시 되는 현대 사회

는 인간이 가져야 할 최소한의 윤리기준마저 파괴하고 있
다.

　우리는 《부모은중경》의 마음으로 돌아가 귀중한 생명을
주시고 깊은 애정으로 길러주신 부모님과 친지들의 은혜에
다시 한번 눈 뜨기로 하자. 그것이 자식에 대한 슬픔을 항상
가슴에 담고 사시는 모든 어버이의 은혜에 보답하는 첫걸음
일 것이기 때문이다.

우란분경 해설

효도와 공양

《우란분경(盂蘭盆經)》은《목련경(目連經)》과 함께, 목련존자가 악업의 과보로 인하여 지옥의 고통을 겪는 어머니를 구하는 목련구모(目連救母)를 주제로 삼고 있는 대중경전이다.

《목련경》의 세밀한 주제 전개와 지옥 묘사에 비해《우란분경》은 우란분재(盂蘭盆齊)의 의미를 비교적 간략하게 설하고 있다. 따라서 본 경의 주제는 어디까지나 우란분재의 신앙적 가치이다. 그런 만큼《우란분경》은 오랫동안 우란분재의 신앙적 가치를 설하는 경전으로서 권위를 인정받아 왔다.

본 경의 내용을 간략하게 살펴보기로 한다.

부처님께서 사위국 기수급고독원에 계실 때의 일이었다.

"목련존자가 육신통(六神通)을 체득하여 부모님을 제도하며 아울러 부모님의 은혜를 갚고자 도안(道眼)으로 세간을 두루 살펴 보았다.

그런데 뜻밖에도 그의 어머니는 아귀로 태어나 피골이 상접하여 차마 볼 수 없는 고통을 겪고 있었다. 이에 목련은 슬퍼하며 부처님께 어머니를 구할 수 있는 방법을 여쭙는다.

부처님께서는 우란분재를 행해야만 어머니를 구할 수 있다고 설하시고 우란분재를 행하는 방법과 그 공덕을 설하신다. 목련은 부처님의 가르침에 따라서 우란분재를 행하고 그의 어머니는 일 겁 동안 받아야 할 아귀의 고통에서 벗어난다. 목련과 대중들은 미래의 모든 불자가 우란분재를 마땅히 행해야 함을 깨닫는다."

이상이 우란분경의 줄거리이다.

특히 본 경에서는 우란분재의 공양을 받는 승단의 의무가 설해지고 있는 것이 특징이다. 즉 우란분재의 공양을 받는 스님들은 반드시 공양을 올린 사람과 그 가정 그리고 그의 칠 대 선조의 부모를 위하여 축원을 해야 한다는 종교적 의무를 강조하고 있는 것이다.

따라서 본 경은 간략한 구성 속에 불교신앙의 중요한 문제를 수록하고 있다고 보아도 좋을 것이다.

이 경전의 원제는 《불설우란분경(佛說盂蘭盆經)》이며 서진시대(西晉時代)의 월씨국(月氏國) 삼장(三藏) 축법호(竺法

護)가 한역(漢譯)한 것으로 알려진다. 당대(唐代)의 저명한
학승 규봉종밀은 본 경의 주석서인《불설우란분경소(佛說盂
蘭盆經疏)》(大正藏 권39)를 남기고 있을 정도로 동아시아 한
역 불교 문화에 큰 영향을 남기고 있는 경전이 바로《우란
분경》인 것이다.

목련경 해설

한 효자의 지옥 순례기

《목련경(目連經)》은 석존의 십대제자 중 신통제일로 알려진 목련(목건련) 존자의 지옥순례기이다.

서양에는 단테의 《신곡(神曲)》이 있지만 불교에는 《목련경》이 있다. 《목련경》은 불교판 '신곡'이라고 할 수 있을 만큼 그 구성과 묘사가 세밀할 뿐만 아니라 무거운 업장을 짊어지고 지옥의 고통을 겪는 어머니를 구하려는 일념으로 지옥을 순례하는 아들 목련존자의 효성을 잘 묘사하고 있다.

따라서 본 경전은 《우란분경(盂蘭盆經)》, 《부모은중경》과 함께 인간의 근원적인 문제인 부모와 자식의 관계를 인간 구원의 문제와 결부시켜 설하고 있는 대중 경전이라고 할 수 있다.

먼저 본 경전의 줄거리를 살펴보도록 한다.

옛날 왕사성에 부상(溥相)이란 한 부자가 있었다. 이 사람은 훌륭한 인품을 갖춘 불교신자였으나 일찍 죽고 만다. 그가 죽자 엄청난 그의 재산은 서서히 기울고 그의 아들 나복(羅卜)은 남은 돈 삼천 관을 셋으로 나누어 천 관은 가사용으로, 천 관은 삼보(三寶)를 공양할 돈으로 그의 어머니 청제부인에게 맡기고, 나머지 천 관은 자신의 장사 밑천으로 삼아 먼 나라로 장사를 떠난다.

나복의 어머니 청제부인은 아들이 없는 동안 아들과의 약속을 어기고 스님들을 핍박하고 온갖 짐승들을 죽여서 희생 제사를 드리는 악습에 빠져서 지낸다.

삼 년 후 집에 돌아온 나복을 대한 어머니는 그동안 자신의 악업을 속이고자 했으나 결국 나복은 어머니의 악행을 알게 된다.

나복의 어머니는 아들을 속이기 위해 "만약 네가 집을 떠난 뒤로 너를 위하여 오백승재를 지내지 않았다면 지금 나는 즉시 중병을 얻어 칠 일을 넘기지 못하고 죽어서 아비지옥에 떨어질 것이다"라는 거짓 맹세를 한다.

청제부인은 자신의 거짓 맹세대로 죽어서 아비지옥에 떨어지고 만다.

아들 나복은 모친의 삼 년상을 치르고 부처님께 나아가 출가하여 목련이라는 법명을 받고 수행에 전념한다.

신통력을 얻은 목련은 선정(禪定) 중에 자신의 어머니가 지옥에 떨어졌음을 알고 어머니를 찾아 지옥 순례를 시작한다. 검수지옥(劍樹地獄), 석합지옥(石礚地獄), 아귀(餓鬼), 회하지옥(灰河地獄), 확탕지옥(鑊湯地獄), 화분지옥(火盆地獄)을 두루 다녔지만 어머니를 찾아낼 수 없었다.

목련은 다시 우두나찰이 일러주는 대로 아비지옥에 이르러 어머니를 찾으려 했으나 지옥문은 열리지 않았다.

목련은 부처님께 여쭈어 부처님의 법력이 담긴 석장(錫杖)과 가사(袈裟)를 얻어서 지옥문을 열고 마침내 아비지옥의 참혹한 고통을 겪고 있는 어머니를 찾아낸다.

목련은 다시 부처님의 위신력을 빌어 어머니를 아비대지옥에서 구해내지만 모친은 무거운 업장으로 인해 다시 소흑암지옥(小黑闇地獄)으로 떨어지고 만다.

목련은 다시 보살들을 청하여 대승경전을 읽고 외우라는 부처님의 가르침을 행하여 모친을 소흑암지옥에서 구해내지만 어머니는 또다시 아귀(餓鬼)로 태어나게 된다.

다시 부처님의 가르침에 의해 그의 어머니는 아귀의 과보에서 벗어나지만 축생이 되어 왕사성의 개로 태어난다. 목련이 개로 태어난 어머니의 업장을 소멸할 수 있는 방법을 묻자 부처님은 칠월 보름의 우란분재(盂蘭盆齊)를 지내야 한다고 일러준다.

우란분재에 의해 목련의 어머니는 개로 태어난 과보를 벗고 이윽고 부처님께 귀의하여 도리천궁에 태어나게 된다. 목련은 어머니를 위하여 "원하옵건대 어머니는 삿된 마음을 버리고 바른 길로 돌아가시옵소서"라고 기원한다.

목련경 해설

목련경의 사상과 구성

　지금부터 본 경전의 사상과 그 의미를 살펴보기로 한다. 본 경전의 인물 설정에 따르면 나복의 아버지 부상장자는 불교에 귀의하여 육바라밀(六波羅蜜)을 닦는 선량한 인물로서 사후에 화락천궁(化樂天宮)에 왕생하는 복락을 누리지만 어머니 청제부인은 삼보를 핍박하고 짐승들을 죽여서 제사를 일삼으며 아들을 속이고 거짓 맹세를 하는 악행 끝에 아비지옥에 떨어지게 된다.

　아들 나복은 효성과 불심이 깊은 인물이며 출가하여 불도의 깊은 경지를 체득하여 지옥에 떨어진 어머니를 구하기 위해 모든 지옥을 순례하고 마침내 부처님의 도움을 얻어 어머니를 구하는 효자이며 종교적 성자(聖者)이다.

　본 경전의 찬자는 이상의 세 사람을 통해 선과 악의 상징적인 대비를 보여줌으로써 성공적인 인물 설정을 보여주고 있는 것이다. 또한 이 경에서 묘사되고 있는 지옥의 참혹한 광경은 읽는 이들에게 전율을 안겨준다.

　그런데 《부모은중경》이 입태(入胎)에서 성인이 되기까지 부모의 은혜와 자식의 갖가지 불효, 그리고 그로 인한 지옥의 과보를 축으로 전개되고 있다면, 《목련경》은 이미 죽은 '선망부모(先亡父母)의 구원'이라는 차원에서 전개된다.

　따라서 《목련경》이나 《우란분경》처럼 목련존자가 어머

니를 구하고자 지옥을 순례하는 정성어린 소재를 주제로 삼고 있는 경전이다. 이러한 경전에서는 지옥이라는 사후세계의 참혹한 정경을 생생하게 묘사할 필요가 있는 것이다.

지옥이란 무엇인가?

그렇다면 불교에 있어 지옥이란 무엇인가? 지옥이란 범어 나라카(Naraka)의 역어로서 나락가(那落迦)라고 음사되며, 이는 사후의 세계이다. 죄업을 지은 중생이 그 죄업의 성질에 따라 떨어져서 온갖 괴로움을 받는 세계이므로 물론 즐거움은 없고 고통만 극치를 이루는 세계인 것이다.

지옥에는 8대 열지옥(뜨거운 지옥)과 이 지옥에 속하는 부지옥(副地獄)격인 16소지옥이 있다. 또한 8대 한지옥(寒地獄, 추운 지옥) 역시 16소지옥을 갖추고 악인들을 기다리고 있다고 한다.

죄업이 무거운 중생은 한 지옥에서의 형벌이 끝나면 다른 지옥으로 옮겨져서 악업이 다할 때까지 끝없는 고통을 받게 된다.

그러므로 가장 죄업이 무거운 중생들이 가서 고통받는 지옥인 아비지옥에 떨어진 목련존자의 어머니 청제부인은 아들과 부처님의 가호에도 불구하고 단번에 지옥의 고통에서 벗어나지 못하고 소흑암지옥(小黑闇地獄)과 아귀(餓鬼), 그리고 다시 개로 태어나는 점진적인 정화(淨化) 과정을 거치고 있는 것이다. 그만큼 지옥은 냉엄한 인과응보의 세계이다.

종교학에서 지옥은 하나의 타계관념(他界觀念, ldea of the other world)으로 파악된다. 타계란 실존적인 삶이 펼쳐지는 세계가 아닌, 사후의 이상세계 또는 그 반대인 잔혹한 징벌의 세계(지옥)를 의미한다.

본 경전과 같이 지옥과 극락을 설하는 교훈적 특성은 모든 인간에게는 사후의 심판이라는 과정이 누구에게나 평등하게 주어져 있으므로, 사후에 좋은 과보를 얻고자 한다면 그에 합당한 선행을 쌓아야 한다는 것이다.

그러므로 사후의 심판에서는 빈부의 차이나 신분의 고하를 가리지 않는 평등을 보장받게 되는 것이다. 즉 "만인은 법 앞에 평등하다"라는 격언이 사후의 세계에도 그대로 적용된다.

현대의 우리는 《목련경》이나 《부모은중경》, 《우란분경》이 설하는 지옥의 세계를 '터무니없는 옛날 이야기'라고 생각하기 쉽다.

그러나 불교에서 말하는 지옥이나 극락의 사상에는 인간의 행위에 대한 엄격한 자기성찰이 담겨 있다는 것을 독자는 깨달을 필요가 있다. 지옥과 극락이란 바로 우리들의 마음 속에 있는 세계이면서 동시에 현실적으로 존재하는 실존의 세계이다.

지옥이란 글자 그대로 지하의 감옥을 의미한다. 그러나 땅 밑의 감옥이란 바로 우리가 발을 내딛고 서 있는 그 자리, 그 대지를 말한다. 즉 현실이 지옥과 같은 장소로 변할 수도 있고 우리의 마음가짐과 행위에 따라서 행복으로 가득 찬 화락천궁(化樂天宮)으로 변할 수도 있는 것이다.

불교는 지옥의 사상을 인류에게 선물했다. 즉 현세를 '고(苦)의 세계'라고 깨닫게 함으로써 자기와 세계를 보는 눈을 깊게 만들었으며 정토를 희구하는 정열을 가져다 주었던 것이다.

우란분재의 의미

이 경전에서 지옥에 떨어진 목련의 어머니를 구하기 위한 방법으로서 석존이 말씀한 우란분이란, 범어 울람바나(Ul-lambana)의 속어형에서 파생된 역어이다. 이를 음역으로는 오람바나(烏籃婆拏)라고 하며 번역하면 도현(倒懸)이라고 한다.

따라서 우란분이란 거꾸로 매달린 자의 고통을 뜻한다. 즉 거꾸로 매달린 듯한 고통을 받는 선망부모와 유주무주 고혼들의 극락왕생을 발원하며 행하는 의식이 우란분재인 것이다.

서서 사는 인간에게 거꾸로 매달린 자세는 가장 고통스럽고 부자유스러운 상태이다. 육체의 부자유, 정신의 부자유가 바로 도현(倒顯)인 것이다. 즉 고통과 부자유를 특징으로 삼는 지옥의 의미를 가장 함축적으로 표현하는 용어라고 할 수 있다.

그러므로 우란분이란 생전의 악업으로 인해 거꾸로 매달린 듯한 부자유와 고통을 겪는 선망부모와 시방의 유주무주 고혼(孤魂)들의 극락왕생을 위하여 부처님의 위신력과 청정 승가의 수행력에 의한 가피를 기원하는 의식이다.

우란분이 행해지는 음력 칠월 보름은 하안거를 해제하는 날이며 대중 앞에서 그동안의 수행을 점검하는 포살(布薩)을 행하는 날이다. 그래서 '시방의 모든 부처님들이 기뻐하는 날'이라고 한다.

불교의 사대명절 중의 하나이기도 한 우란분재를 지내는 음력 칠월 보름은 하루 내내 절에서 영가의 극락왕생을 기원하는 목탁소리가 끊이지 않고 울려나오는 기도의 날이다.

우리가 여러 생을 윤회하면서 때로는 기쁘고 때로는 슬픈 인연을 맺었던 선망부모, 친지들의 명복을 빌고 은혜를 감사하는 마음으로 되새기는 날이 바로 우란분재이다.

산 자가 죽은 이의 명복을 기원하는 기도는 더없이 고귀하고 진실한 것이리라.

목련경의 역사

동아시아의 한역(漢譯) 불교문화에서 우란분재는 매우 오 랜 역사를 갖고 있다. 양(梁)나라 천감(天監) 15년(516)에 성 립된 《경율이상(經律異相)》권14에는 '목련이 어머니를 위해 우란분을 행했다(目連爲母造盆)'(大正藏 권53, 73~4a)라는 기 사와 함께 우란분경의 경문을 인용하고 있다. 또한 《불조통 기(佛祖統紀)》권37(大正藏 권49, 351a)에 의하면 양(梁)의 무 제(武帝) 대동(大同) 4년(538)에 '양무제가 동태사에 행차하 여 우란분재를 베풀었다(帝幸同泰寺設盂蘭盆齊)'고 한다.

이로써 보건대 중국에서는 이미 6세기경부터 국가적 규 모의 우란분재가 행해졌음을 알 수 있다. 우리나라에서는 우란분재를 백종(百種), 또는 백중(百中)이라고 부르며 일찍 부터 불교의 행사뿐만이 아닌 민간의 명절로 전해져 왔다.

《목련경》은 《우란분경》 등과 함께 목련구모(目連救母)를 주제로 삼고 있는 경전이다. 본 경은 《목련문경(目連問經)》 에서 발전된 별행경전(別行經典)으로서 당대(唐代)에는 일반 대중들을 매료시킨 강창문학(講唱文學)의 대표적 경전이었 다. 강창문학이란 사람들이 많이 모이는 장터나 거리에서 강창법사들에 의해 공연된 통속 문예극의 전형이라고 할 수 있다.

1900년 중국 감숙성 돈황(敦煌)에서 발견된 《대목건련명

간구모변문병도(大目健連冥間救母變文幷圖)》(大正藏, 권85)는 그간의 사정을 잘 보여준다.

정명(貞明) 7년(921) 4월 16일 정토사(淨土寺)의 학랑(學朗) 설안준(薛安俊)이 필사한 이 사본은 장터나 거리에서 공연된 통속 문예극으로서 사용된 흔적이 매우 짙게 나타나고 있다. 즉 경전 본문의 강창(講唱 : 경전의 가르침을 극본으로 구성하여 쉽게 설하는 것)에 들어가기 전에 설하는 안내문이 실려 있다.

"오늘은 칠월 십오일 천당의 문이 열리고 지옥의 문도 열리도다. 삼도(三途)의 업이 녹고 십선(十善)이 증장하는 날이다. 많은 스님들이 자자(自恣)를 행하는 이 날 회복신(會福神)과 팔부천룡이 모두 모이나니 복덕을 설하는 말씀을 듣고 공양하는 자는 현세에서 복을 얻고 죽어서는 수승한 곳에 태어나리라. 오늘 우란백미(盂蘭百味)로써 삼존(三尊)을 공양하면 대중 스님의 은광(恩光)에 힘입어 도현(倒顯, 지옥)의 고통에서 벗어나리라."

이와 같이 《목련경》은 그 구성의 극적인 면과 차원 높은 교훈성으로 인해 오랫동안 대중의 사랑을 받아왔다. 목련경은 삶과 죽음, 부모와 자식의 관계, 구원의 문제를 생각하게 이끄는 수준 높은 대중 경전인 것이다.

삶과 구원 그리고 죽음의 사상을 잊어버린 현대문명은 분명히 망각의 문명이다. 현대문명 속의 우리는 《목련경》의 세계를 숙고하면서 오직 열광만을 추구하는 현대문명의 바른 길을 모색해야 할 것이다.

관음경 해설

인간 구원의 신앙

《관음경(觀音經)》은 인간 구원의 신앙을 아름답고 쉽게 설하고 있는 경전이다.

《관음경》이 설하는 인간 구원의 신앙이란 불교의 교리적 이해만으로서는 도저히 도달할 수 없는 세계, 일념으로 관세음보살을 염원하는 신앙, 굳세고 청정한 믿음의 세계에서 발현되는 자성관음(自性觀音)에의 신앙이다.

따라서 《관음경》이 설하는 인간 구원의 신앙은 인간의 깊은 숙업과 현세적인 고난을 포용하고 이를 다시 해탈로 이끈다.

신앙은 사상과 예술을 낳는다. 관음신앙은 저 의상대사의 백화도량발원문(白華道場發願文)을 낳았으며 신라 향가(鄕歌)의 도천수관음가(禱千手觀音歌)와 아름다운 고려불화를 낳았다. 그 겸허한 신앙과 종교적인 열정의 원천은 바로 관세음보살에의 신앙이었다.

《관음경》은 바로 이 관음신앙의 정수를 설하는 경전인 것이다. 옛부터 불교도들은 관음경에서 관세음보살의 지혜와 자비를 깨닫고 한 구절 한 구절, 한 자 한 자의 의미를 되새기며 현실의 고난을 이겨낼 수 있는 내면의 생명력을 발견했던 것이다.

관음경의 구성과 내용

《관음경》은 법화경 제25품 〈관세음보살보문품(觀世音菩薩普門品)〉을 단독경으로 분리하여 부르는 명칭이다. 일승묘법(一乘妙法), 구원본불(久遠本佛), 보살행도(菩薩行道)의 진리를 설하는 법화경의 후반부에 속하는 《관음경》은 그 구성상 장행(長行)으로 이루어진 본문과 5언 4구의 게송(偈頌) 26수로 이루어져 있다.

본 경의 서두는 무진의보살(無盡意菩薩)이 부처님께 관세음보살이 무슨 인연으로 관세음이라고 불리게 되었는가라고 명호의 유래를 묻는 질문으로 시작된다. 이름을 묻는다는 것은 바로 그 이름을 가진 대상의 존재를 묻는 것이다. 관음의 존재를 알고 있는 부처님은 답변한다.

"선남자여, 만약 무량백천만억의 중생이 있어서 갖가지 괴로움을 받을 때 관세음보살의 명호를 듣고 일심(一心)으로 부르면 관세음보살은 곧 그 음성을 두루 관(觀)하고 모두 해탈을 얻게 하느니라."

이것이 바로 관음신앙의 대전제이다. 우리가 고난이나 번뇌에 아무리 찌들어 있더라도 관세음보살의 명호를 일심으로 부르면[一心稱名] 관세음보살은 그 음성을 관하고 모두 해탈의 길로 인도한다는 것이다.

그러나 여기에 중요한 문제가 있다. 관세음보살의 명호를 일심으로 부른다는 것은 무엇일까? 그것은 오직 일념으로 자기의 모든 존재를 바쳐 관세음보살의 지혜와 자비를 자기화한다는 것이다.

그러므로 일심칭명은 곧 자기 정화의 행법이며 대승불교의 귀결점인 불이(不二)의 전일성(全一性)을 체험하는 것이다.

관세음보살을 오직 일념으로 부르는 동안 어떠한 고난이나 번뇌에 의해서도 오염되지 않는 자기자신의 참생명을 깨닫게 되는 것이다.

무진의보살의 질문에 대한 부처님의 답변은 계속된다.

나찰, 아귀와 같은 악귀로 인한 재난과 보배를 얻기 위해 험한 사막을 여행할 때의 고난도 관세음보살을 일심칭명하면 관세음보살의 위신력으로 벗어날 수 있다고 설한다.

현대의 우리는 《관음경》에서 설해지는 나찰, 악귀 등을 "그럴 리가…… 상상의 존재이다"라고 말한다.

그러나 상상은 현실보다 값질 때가 있다. 우리의 내면에 나찰, 아귀와 같은 어두운 면이 음습하게 자리잡고 있음을 생각해보라. 인간의 상상력은 모든 것을 만들어 낸다. 상상이 바로 현실로 바뀌는 것이다. 단지 시간이 문제일 뿐이다.

《관음경》에서 설해지는 인간의 실존적인 고통은 아주 다양한 동시에 모든 시대의 인간이 겪는 보편적 고통이다. 그리고 아주 현실적인 괴로움을 그려낼 뿐 아니라 관음신앙이 지향하는 실제적인 수행의 길을 제시하고 있다.

"만약 어떤 중생이 음욕이 많더라도 항상 관세음보살을 공경하고 명호를 부른다면 곧 음욕에서 벗어나게 되리라.

만약 어떤 중생이 분노하는 마음이 있더라도 항상 관세음보살을 공경하고 명호를 부른다면 곧 분노에서 벗어나게 되리라.

만약 어떤 중생이 어리석더라도 항상 관세음보살을 공경하고 명호를 부른다면 곧 어리석음에서 벗어나게 되리라."

불교는 인간의 가장 기본적인 번뇌를 위해서 설해진 바와 같이 탐욕·성냄·어리석음[貪瞋痴]의 세 가지를 들고 있으며 이것을 세 가지 독약[三毒]이라고 설한다.

그렇다면 아무리 불교사상에 정통하고 고된 수행을 한다고 하더라도 이 삼독을 소멸할 수 있는 것일까? 그렇지는 않다. 탐진치 삼독은 얼마나 뿌리깊고 질긴 번뇌이던가? 우리가 죽음에 이르러서도 결코 풀리지 않을 삼독의 그물은 사상의 탐구나 한때의 수행으로 소멸할 수 있는 번뇌가 아니다.

다만 《관음경》이 지향하는 바와 같이 자신의 죄업과 무력함을 뼈저리게 자각하고 자기존재를 내던져서 구원을 간절히 열망하는 인간 구원의 신앙이 있어야 번뇌는 우리에게서 그 얼굴을 돌릴 것이다.

그러므로 관세음보살의 명호를 일심으로 부르는 것 자체가 자기 정화의 길인 것이다. 또한 자기를 완전히 비우는 대원경지의 길이기도 하다.

의상대사의 경우를 보자. 화엄경의 진수를 체득한 당대 최고의 학승인 그는 당나라에서 귀국하자마자 당시로서는 황량했을 낙산 해안을 찾아가 관세음보살을 친견하기 위해 목숨을 건 기도를 하고 백화도량발원문(白華道場發願文)을 쓰지 않았는가?

본사이신 관세음보살님은
저 하늘 밝은 달이 강물마다 비치듯
묘한 작용 다함없는 장엄상호 갖추시고

어리석은 이 제자는
허망한 몸과 모습에 부질없이
집착하여 마침내는 무너질
몸에 매여 살아갑니다.

이루어진 이 육신과 의지하여 사는

국토의 깨끗하고 더럽고 즐거웁고
괴로움이 저 성인과 이 제자는
각각 서로 다릅니다.

백화도량발원문의 한 구절이다. 우리는 이 발원문에서 사상의 탐구에 누구보다도 높은 길을 걸어 갔던 의상이 품었던 인간 구원에의 열망을 읽을 수 있다.

경전은 33가지의 몸을 사바세계(娑婆世界)에 나투어 중생들의 서로 다른 근기에 맞춰서 설법하고 제도하는 관세음보살의 공덕을 설한다. 33가지의 변화신 가운데에는 부처, 성문, 범왕, 자재천, 바라문, 장자, 비구, 비구니, 우바새, 우바이 등이 망라되어 있다.

관세음보살은 필요하다면 부처님의 모습을 빌릴 수도 있으며 세속의 남녀로도 나타날 수 있는 것이다.

수많은 관음 영험을 살펴보면 관세음보살은 실제로 다양한 구원자의 모습을 보여주고 있다. 이 점이 중요하다.

우리는 고정관념의 틀에 사로잡혀 자신이 정한 치수대로 자신뿐만 아니라 상대방을 잰다. 그러므로 사람과 사람이 얼굴을 맞대고 만나도 진정한 만남은 없다.

종교적 구원에 있어 가장 본질적인 문제는 바로 만남이다. 그런 의미에서《관음경》은 만남의 경전이며 관세음보살은 만남의 보살인 것이다. 우리가 자신의 주장만을 내세우지 않고 남의 이야기에 귀를 기울여 들어준다면 이야말로 관세음보살을 따라 배우는 수행인 것이다.

《관음경》의 후반부는 전반부의 내용을 5언 4구의 게송 26수로 요약하고 있다. 이 요약은 단순한 요약이 아니라 매우 간명하면서도 우아한 미문(美文)이다. 특히 소리내어 독송하면 운율이 저절로 느껴질 것이다. 그러므로 인간 구원의 신앙, 만남의 의미를 설하는 《관음경》은 천 년 이상 불교도들이 애송하는 경전이 되었으며 끊임없이 서사(書寫)되어 온 가장 친근한 대중의 경전이었던 것이다.

이상으로 《관음경》의 구성과 내용을 살펴보았다. 그렇다면 관세음보살은 어떤 보살인가?

관세음보살의 의미

우선 관세음보살이라는 명호의 의미에 대해서 살펴보기로 한다.

관세음보살은 범어 Avalokiteśvara의 역어이다. 즉 '세간의 고통스러운 소리를 관하여 중생을 제도하는 보살'이다. 대승불교에서 인간의 슬픔을 가장 친근하게 어루만져 주는 자비의 보살, 관세음보살은 천수천안(千手千眼)의 보살이라고 불릴 만큼 무한한 방편과 인연으로 중생들에게 자비를 베풀고 깨달음으로 인도하는 보살인 것이다.

그러나 중생들의 바람이 얼마나 많았으면 관세음보살을

천 개의 손과 천 개의 눈을 갖춘 보살로 표현하고 있는 것일까? 그만큼 관세음보살은 대승불교가 갖는 인간 구원의 열망을 잘 대변하고 있는 것이다.

관세음보살의 이근원통(耳根圓通)

《능엄경》에서는 관세음보살의 이근원통(耳根圓通)이 설해지고 있다(의상대사의 관음성지 낙산사의 큰법당은 바로 圓通寶殿이다).

《능엄경》 제6권에서 관세음보살은 자신이 해탈을 얻게 된 수행법이 바로 이근원통이라고 소개한다. 이근원통이란 음성을 도구 삼아 말하고 듣는 것으로 가르침을 전하는 사바세계의 교체(敎體)를 깨달은 것을 가리킨다.

그리고 관세음보살은 항하사겁 전에 관세음여래라는 부처님으로부터 이근원통의 수행을 교시받았다고 한다. 관세음보살은 이근원통을 성취했으므로 중생의 신음소리를 가장 잘 듣고 해탈로 이끄는 보살이라고 불리워지는 것이다.

이와같은 관세음보살의 이근원통을 다음의 게송은 잘 표현하고 있다.

  듣는 성품 돌이켜 들으시옵고
  이근원통 뚜렷이 깨치시었네

관음불이 관음보살 이름 주시고
크신 자비의 힘을 두루 전하셔서
서른 둘의 걸림없는 변화의 몸은
온누리의 낱낱 티끌세계에 두루하네
返聞聞性悟圓通　　觀音佛賜觀音號
上同慈力下同悲　　三十二應遍塵刹

　불자들이 조석의 예불이나 법회 때 독송하는 《반야바라밀다심경》의 서두는 '관자재보살행심반야바라밀다시(觀自在菩薩行深般若波羅蜜多時)'라고 시작된다. 이처럼 반야계 경전에서는 관세음보살이 관자재보살(觀自在菩薩)로 표현되는 경우가 많다.
　그렇다면 관세음보살과 관자재보살은 그 의미가 어떻게 다른 것인가. 관세음보살이라는 말에서는 자비가 강조되고 있으며 관자재보살이라는 말에서는 지혜가 강조되고 있는 것이다.
　《관음경》의 번역자 구마라집(鳩摩羅什)은, 지혜가 강조되는 관자재보살보다는 중생의 구원자로서 '세간의 고통스러운 소리를 관하여 제도하는 보살', 즉 자비가 더욱 강조되는 관세음보살이라고 옮기고 있다. 구마라집이 번역한 《법화경》이 그토록 오랫동안 유통 되어온 이면에는 이와같은 종교적 배려가 있었기 때문인 것이다.
　우리 한국불교가 가장 오랫동안 신앙해온 보살은 바로 관

세음보살이다. 널리 독송되는 천수경(千手經) 또한 원래 명
칭은 《천수천안관자재보살광대원만무애대비심대다라니(千
手千眼觀自在菩薩廣大圓滿無碍大悲心大陀羅尼)》이다. 천수경
이 대중염불로 토착된 경우처럼 《관음경(觀音經)》은 바로
우리나라 불교의 관음신앙을 가꾸어 온 인간 구원의 경전인
것이다.

역자소개 : 一 指

1974년 출가하여 해인강원과 율원을 수료.

1988년 논문 〈現代中共의 佛敎認識〉으로

제1회 해인학술상을 수상하였다.

저서에 《달마에서 임제까지》,《붓다 · 해석 · 실천》,

《중관불교와 유식불교》,《떠도는 돈황》

역서로 《임제록》,《중국 문학과 禪》,《傳心法要》 등

20여 권의 저, 역서가 있다.

불
교
경
전
⑪

부모은중경 · 우란분경 · 목련경 · 관음경

1994년 5월 30일 초판 1쇄 발행
2018년 7월 30일 초판 8쇄 발행

역 자 — 일 지
발 행 자 — 윤 재 승
발 행 처 — 민 족 사

등록 제1-149호, 1980. 5. 9.
서울 종로구 삼봉로 81번지 두산위브파빌리온 1131호
전화 (02) 732-2403~4, 팩스 (02) 739-7565

E-mail / minjoksabook@naver.com
홈페이지 / www.minjoksa.org

값 8,500원

ISBN 89-7009-172-6 04220
• 경전은 부처님의 말씀입니다.
• 경전을 소중히 합시다.